Deutsch aktiv

Ein Lehrwerk für Erwachsene

Lehrbuch 1

Gerd Neuner, Reiner Schmidt, Heinz Wilms und Manfred Zirkel

LANGENSCHEIDT

BERLIN · MÜNCHEN · WIEN · ZÜRICH · NEW YORK

Deutsch aktiv

Ein Lehrwerk für Erwachsene

Lehrbuch 1

von
Gerd Neuner, Reiner Schmidt, Heinz Wilms und Manfred Zirkel

in Zusammenarbeit mit
Theo Scherling (Zeichnungen und Layout)
Bjarne Geiges (Fotografie)
Wolf-Dieter Ortmann (Phonetik)
Christoph Edelhoff (Audiovisuelles Begleitmaterial)

Redaktion: Gernot Häublein und Hans-Reinhard Fischer

Umschlaggestaltung: Arthur Wehner, Grafik-Design BDG

| Druck: | 10. | 9. | 8. | Letzte Zahlen |
| Jahr: | 86 | 85 | 84 | maßgeblich |

© 1979 Langenscheidt KG, Berlin und München

Druck: Druckhaus Langenscheidt, Berlin
Printed in Germany · ISBN 3-468-49900-0

Inhaltsverzeichnis

Kapitel 1 9

Sprechhandlungen: Begrüßen; Namen erfragen und nennen; Herkunft erfragen und nennen; vorstellen; einladen; Zahlen und Nummern nennen

Grammatik: Aussagesatz, Wort- und Satzfrage; Konjugation: Präsens Singular; Deklination: Nominativ/Akkusativ Singular; wer? was? wie? woher?

Kapitel 2 21

Sprechhandlungen: Sachen benennen; anbieten, annehmen, ablehnen; auswählen und kaufen; Zeit erfragen und sagen

Grammatik: Person und Sache: wer?/was?; Verb und Satzergänzungen I; Deklination: Nominativ/Akkusativ Singular (unbestimmter Artikel + Substantiv)

Kapitel 3 32

Sprechhandlungen: Körperteile benennen; Schmerzen lokalisieren; sich verabreden; Vorschläge machen, annehmen, ablehnen

Grammatik: Konjugation: Präsens Singular und Plural, Imperativ Singular und Plural; Verben mit trennbarem Präfix; Deklination: Nominativ/Akkusativ Singular (bestimmter Artikel + Substantiv), Nominativ Plural (Substantiv), Nominativ/Akkusativ Plural (bestimmter und unbestimmter Artikel); Verb und Satzergänzungen II

Kapitel 4 44

Landeskunde: Wie die Deutschen wohnen; Essen in Deutschland

Sprechhandlungen: Hilfe anbieten, annehmen, ablehnen; Uhrzeit, Zeitpunkt, Zeitdauer erfragen und nennen; Besitzverhältnisse erfragen und bestimmen; eine Wohnung zeigen, erklären, kommentieren

Grammatik: Verb und Satzergänzungen III; Deklination: Personalpronomen (Nominativ/ Akkusativ/Dativ Singular und Plural), Fragepronomen (Nominativ/Akkusativ/ Dativ Singular), Possessivpronomen (Nominativ/Akkusativ Singular und Plural); Kardinalzahlen und Ordinalzahlen; Zeitpunkt und Zeitdauer

Sprechhandlungen: Angebote nach Qualität und Preis besprechen, annehmen, ablehnen; qualifizieren: Gefallen/Mißfallen ausdrücken; Sachen und Personen beschreiben; Eigenschaften erfragen und angeben

Grammatik: Deklination: Demonstrativpronomen (Nominativ/Akkusativ Singular und Plural), Fragewort + Substantiv (Nominativ/Akkusativ Singular und Plural); attributives und prädikatives Adjektiv; Satzmuster: variierte Satzgliedstellung

Sprechhandlungen: Auffordern, zustimmen, ablehnen; warnen; Auskunft erfragen und geben; beschuldigen, sich entschuldigen; Vergangenes darstellen, erklären

Grammatik: Modalverben: Präsens Singular und Plural, Satzrahmen; Modalverb, Verb und Satzergänzungen IV; Konjugation: Präteritum von "sein" und "haben"

Landeskunde: Schule, Studium, Berufsausbildung in der Bundesrepublik; Stellenbewerbung/ Lebenslauf; Ausbildung und Berufswahl; Berufe und ihr Prestige

Bundesrepublik Deutschland:

Landschaften

Deich an der Nordsee ▲

◀ Auf einem See im Voralpenland

◀ Schwarzwald

Hamburg ▶▶

Die Alpen ▶

Im Ruhrgebiet ▲

Der Rhein ▶

○ Hallo, Paul!
● Mensch, Fernando!
Wie geht's?
○ Gut, alter Freund.

○ Guten Tag, ich heiße
Fischer.
● Guten Tag,
Braun.

○ Das ist Frau Bléri!
● Freut mich!
Mein Name ist
Jablonski.

● Watanabe.
○ Verzeihung, wie
ist Ihr Name?
● Watanabe!

○ Guten Tag, Herr Karlsson!
● Guten Tag, Frau Bauer!

2 Woher kommt Herr Karlsson?

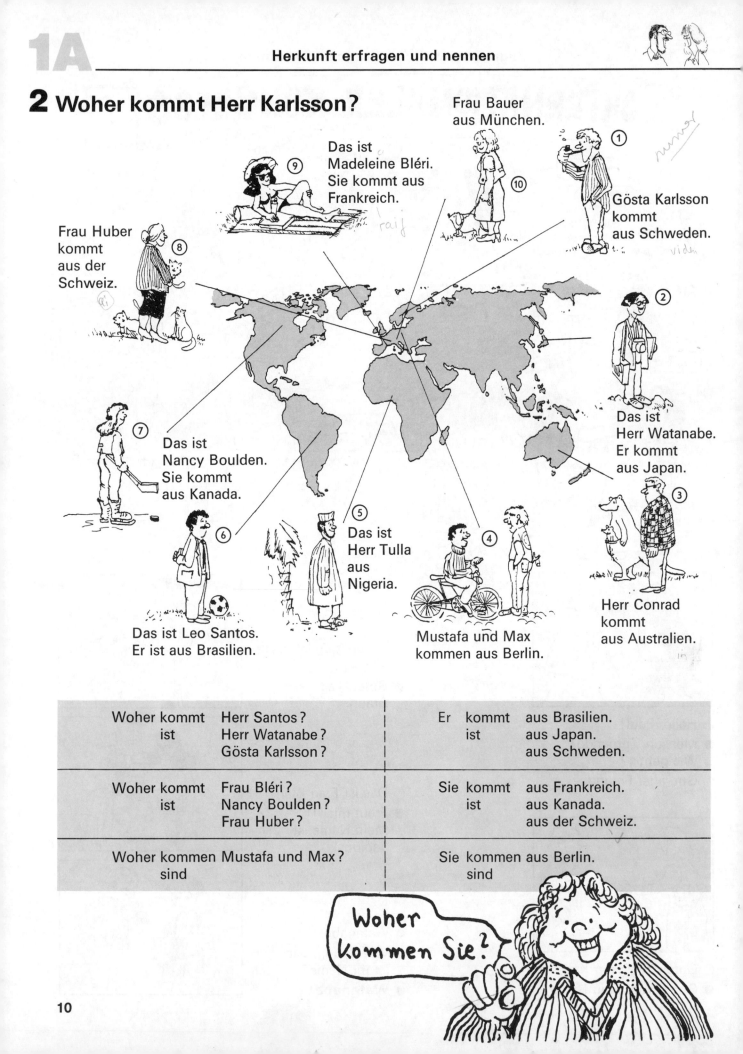

Frau Bauer
aus München.

Das ist
Madeleine Bléri.
Sie kommt aus
Frankreich.

Gösta Karlsson
kommt
aus Schweden.

Frau Huber
kommt
aus der
Schweiz.

Das ist
Herr Watanabe.
Er kommt
aus Japan.

Das ist
Nancy Boulden.
Sie kommt
aus Kanada.

Das ist
Herr Tulla
aus
Nigeria.

Das ist Leo Santos.
Er ist aus Brasilien.

Mustafa und Max
kommen aus Berlin.

Herr Conrad
kommt
aus Australien.

Woher kommt	Herr Santos?		Er	kommt	aus Brasilien.
ist	Herr Watanabe?		ist		aus Japan.
	Gösta Karlsson?				aus Schweden.

Woher kommt	Frau Bléri?		Sie	kommt	aus Frankreich.
ist	Nancy Boulden?		ist		aus Kanada.
	Frau Huber?				aus der Schweiz.

| Woher kommen | Mustafa und Max? | | Sie | kommen | aus Berlin. |
| sind | | | sind | | |

Woher
kommen Sie?

Ein Bier, Herr Riad!
Ah, guten Abend, Frau Lindgren!
Wie geht es Ihnen?

Ganz gut, danke!

Das ist Herr Riad aus Ägypten.

Sie kommen aus Ägypten?

Aus Schweden, aus Stockholm.

Ja, aus Kairo. Und woher kommen Sie?

Sie sprechen aber gut Deutsch!
Sprechen Sie auch Französisch?

Nein, leider nicht.

Trinken Sie auch ein Bier?

Lieber Coca-Cola.

Eine Cola, bitte!

Wie geht's? Wie geht es Ihnen?	Ganz gut, danke. Danke, es geht.
Was trinken Sie? Was nehmen Sie?	Ein Bier. Eine Cola, bitte.
Trinken Sie auch ein Bier? Nehmen Sie auch Cola?	Ja, bitte. Nein, danke. Nein, lieber Cola.
Sprechen Sie Deutsch? Sprechen Sie auch Französisch?	Ja, ein bißchen. Nein, leider nicht.

4 Zahlen 0–100

0: null				
1: eins	10: zehn	100: (ein)hundert	11: **elf**	21: einundzwanzig
2: zwei	20: zw**a**nzig		12: zw**ö**lf	22: zweiundzwanzig
3: drei	30: dreißig		13: dreizehn	23: dreiundzwanzig
4: vier	40: vierzig		14: vierzehn	24: vierundzwanzig
5: fünf	50: fünfzig		15: fünfzehn	25: fünfundzwanzig
6: sechs	60: se**ch**zig		16: se**ch**zehn	26: sechsundzwanzig
7: sieben	70: sie**b**zig		17: sie**b**zehn	27: siebenundzwanzig
8: acht	80: achtzig		18: achtzehn	28: achtundzwanzig
9: neun	90: neunzig		19: neunzehn	29: neunundzwanzig

5 Namen und Telefonnummern

○ 72 07!

○ Ja, hier Deppe.

● Ist dort Deppe?

● Guten Tag, Herr Deppe.
Hier ist Evelin Heinemann

Kirtorf
(0 66 35)

Teilnehmer s. auch Neustadt Hess
Abkürzungen für Ortsnamen
(Ant) – Antrifttal
Notrufe
Überfall, Verkehrsunfall
Alsfeld (0 66 31) üb. 7 65
Rettungsdienst. Erste Hilfe
Alsfeld (0 66 31) üb. 7 91
Fernsprechansagedienst
Aktuelles aus dem   01 16 02
Gesundheitswesen
Börsennachrichten   0 11 68
Fernsehprogramme <01 16 03>
Fernsprech-   0 11 65
nachrichtendienst
Fußballtoto   0 11 61

Czupalla Norbert   4 25
Elektrotechniker
Alsfelder Tor 23
Dächer Johannes   71 81
Landw. Ober-Gleen
Decher Martin Lehrbach   4 45
Decher Willi   2 04
Alsfelder Tor 26a
Deppe Albert   72 07
Erbenhausen
Dick Toni Ober-Gleen   4 16
Dietz Willi Obergleen   71 33
Ditschler Helmut   71 79
Ober-Gleen
Ditschler Karl   4 74
Alsfelder Tor 42
Döll Otto Heimertshausen   71 92
Dörr Albrecht Lehrbach   4 51
Dörr Friedel   3 59
LandMasch. Heiz. Lehrbach
Dörr Georg Mühle Obergleen   3 54
Dümmler Erhard   4 38

Hartmann Otto KG   2 05
Lebensmittel
Hauf Otto   3 01
Hauf Wilhelm   4 96
Marburger Str. 49
Heinemann Evelin Lehrbach   4 54
Henkel Wilhelm   4 20
Revierförster i.R. Lehrbach
Hilka Franz   71 87
Heimertshausen
Hill Christoph Elektro-   2 96
Spenglerei Ohmes
Hill Emil Kolonialwaren   3 84
Ohmes
Hill Hermann   71 31
(Ant) Schulstr. 21
Hill Karl ViehHdlg.   71 50
(Ant) Ruhlkirchener Weg 9
Hill Rudi Landw. Mstr.   4 66
(Ant) Kirtorfer Str. 8
Hipp Hansjörk   71 69

72 07!	Ist dort Deppe?
Hier 72 07!	Ist dort Herr Deppe?
Deppe.	Guten Tag, Herr Deppe.
Hier Deppe.	Guten Tag, hier Heinemann
Hier ist Albert Deppe.	hier ist Evelin Heinemann.

Ü 1

Intonation

Tag! Guten Tag! Gùten Tág. Guten Tag, Frau Bauer!

Ich bin aus Frankfurt. Ich komme aus München.

Wie geht es Ihnen? Woher kommt Herr Santos?

Sie kommen aus Ägypten?

Sie sind aus Berlin?

Ü 2

Ich heiße . . . . .

○ Guten Tag, ich heiße Gruner. ● Guten Tag, Heimann.

Ü 3

Das ist . . . . .

○ Das ist Herr Rehm. ● Freut mich! Mein Name ist Kunze.
Frau Kahle.
Fräulein Toth.

Ü 4

Guten Tag! Wie geht's?

A ○ Hallo, Gerda! B ○ Guten Tag, Frau Müller.
Wie geht's? Wie geht es Ihnen?
● Es geht. / Gut. ● Danke, gut. / Es geht, danke.

| Karin | Peter | Herr Müller | Frau Gruner | Heinz | Rolf |
| Inge | Herr Meier | Gerd | Frau Siegel | Klaus | Gabi |

Ü 5

Verzeihung, wie ist Ihr Name?

○ Guten Tag, ich heiße Decher.
● . . . . .? Verzeihung, wie ist Ihr Name?
○ Decher.

Kiep	Decher	Lading
. . . . .?	. . . . .?	. . . . .?
Kiesel	Henkel	Hauf
. . . . .?	. . . . .?	. . . . .?

 Ü 6

Aussprachverübung

[-s+K-]	au**s M**ünchen, aus **B**rasilien, au**s d**er Schweiz, au**s J**apan, au**s F**rankreich, au**s Sch**weden
[-K+ʔ-]	da**s ist** –, – komm**t aus** –, – komme**n aus** –, gute**n A**bend, wie geh**t es** Ihnen?, au**ch ein** Bier
[-t+d-]	wie heiß**t du**?, woher bis**t du**?, woher komms**t du**?
[-ç+h-]	ich **h**eiße –

 Ü 7

Aussprachverübung

[r]	russisch; Karin; Herr –; Gruner, Frau –, trinken, griechisch, Gerd
[l]	leider; hallo, Brasilien, Müller; Siegel, Paul; Klaus, Rolf
[p]	Paul; Spanien; Japan
[b]	bitte, Bier, Bauer; aber –, Gabi

 Ü 8

Aussprachverübung

[a]	danke, das, ganz, hallo, alter –; Frankreich, Max, Kanada
[ɑ:]	ja, aber –; – Name, – Tag, – Abend, Australien, Karin, Gabi, Japan
[ɔ]	– kommt; Rolf
[o:]	hallo; Coca-Cola

 Ü 9

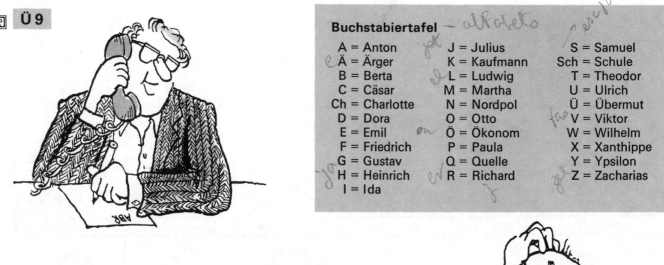

Buchstabiertafel		
A = Anton	J = Julius	S = Samuel
Ä = Ärger	K = Kaufmann	Sch = Schule
B = Berta	L = Ludwig	T = Theodor
C = Cäsar	M = Martha	U = Ulrich
Ch = Charlotte	N = Nordpol	Ü = Übermut
D = Dora	O = Otto	V = Viktor
E = Emil	Ö = Ökonom	W = Wilhelm
F = Friedrich	P = Paula	X = Xanthippe
G = Gustav	Q = Quelle	Y = Ypsilon
H = Heinrich	R = Richard	Z = Zacharias
I = Ida		

Wie heißen Sie?

Abr . . . . . ?
Noch einmal, bitte langsam!

Wie schreibt man das?
Buchstabieren Sie bitte!

Abramczyck.

A–b–r–a–m–c–z–y–c–k!

A	wie	Anton
B	wie	Berta
R	wie	Richard

. . . .

Ü 10

○ **Was trinken Sie?** ● **Ein Bier.**

1	Was trinken Sie?
2	Wie geht's?
3	Sprechen Sie Deutsch?
4	Was nehmen Sie?
5	Trinken Sie auch ein Bier?
6	Nehmen Sie auch Cola?
7	Sprechen Sie auch Englisch?
8	Wie geht es Ihnen?
9	Wer ist das?
10	Woher kommen Sie?
11	Wie ist Ihr Name?
12	
13	

A	Nein, leider nicht.
B	Ja, ein bißchen.
C	Nein, lieber Cola.
D	Aus Schweden.
E	Ganz gut, danke.
F	Mein Name ist Bauer.
G	Ein Bier.
H	Nein, danke.
I	Ja, bitte.
J	Eine Cola, bitte.
K	Danke, es geht.
L	

Wie heißen Sie?
Woher kommen Sie?
Was trinken Sie?

① Guten Tag, meine Damen und Herren.
Hier ist das Deutsche Fernsehen.
Sie sehen:
"Die Internationale Diskussion"
mit Werner Bolte.

② Guten Tag und herzlich willkommen!
Das Thema heute: "Alkoholismus — international".
Ich begrüße:
Frau Madeleine Bléri, Frau Bléri kommt
aus Frankreich; dann Frau Adele Huber, sie kommt
aus der Schweiz; Frau Nancy Boulden aus Kanada;
Herr Leo Santos kommt aus Brasilien; Herr Toshio
Watanabe, er ist aus Japan; und schließlich
Frau Isolde Bauer aus München.

③ Herzlich willkommen, liebe Kollegen,
und:
Prosit! A votre santé! Cheers!
. . . . .

④

⑤

1. Der Satz

1.1. Die Wortfrage

Wie heißen Sie?
Wie heißt du?

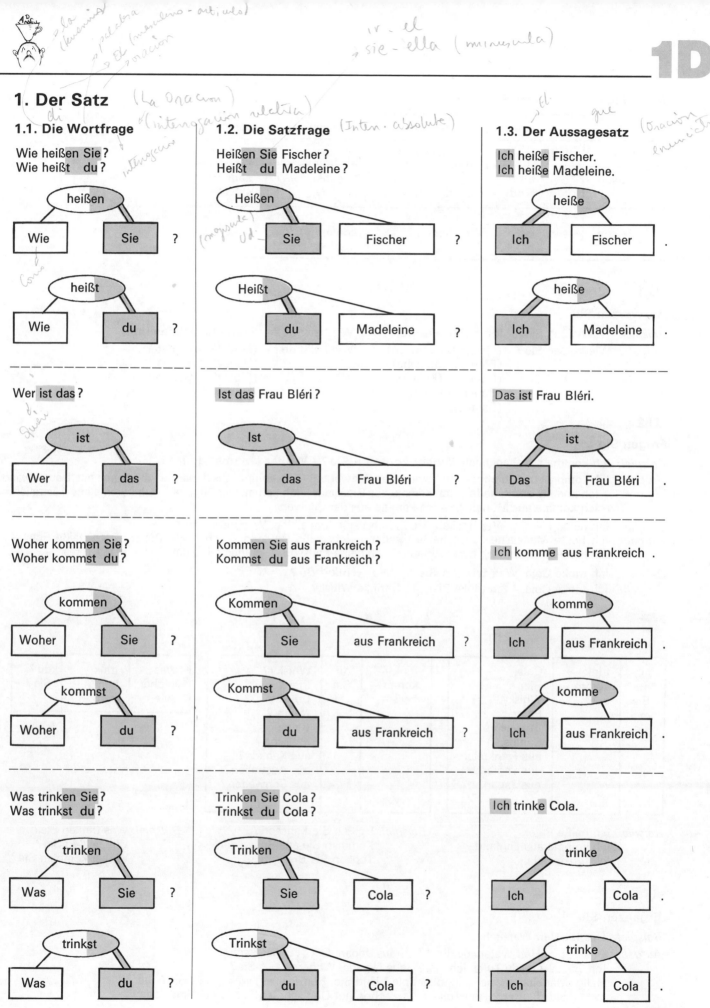

Wer ist das?

Woher kommen Sie?
Woher kommst du?

Was trinken Sie?
Was trinkst du?

1.2. Die Satzfrage

Heißen Sie Fischer?
Heißt du Madeleine?

Ist das Frau Bléri?

Kommen Sie aus Frankreich?
Kommst du aus Frankreich?

Trinken Sie Cola?
Trinkst du Cola?

1.3. Der Aussagesatz

Ich heiße Fischer.
Ich heiße Madeleine.

Das ist Frau Bléri.

Ich komme aus Frankreich.

Ich trinke Cola.

2. Konjugation: Präsens Singular

Infinitiv:		sein	heißen	kommen	sprechen
1. Person	ich	**bin**	heiße	komme	spreche
2. Person	du	**bist**	heißt	kommst	sprichst
	Sie	**sind**	heißen	kommen	sprechen
3. Person	er sie es	**ist**	heißt	kommt	spricht

Ü1

Antworten Sie

Beispiel: Wie heißen Sie? – **Ich heiße Fischer.**

Aufgabe: Wie heißen Sie? – (Fischer), (Boulden), (Bléri), (Watanabe), (Conrad), (Karlsson), (Bauer), (Tulla), (Santos), ...

Wie heißt du? – **Ich heiße Madeleine.**

Wie heißt du? – (Madeleine), (Peter), (Nancy), (Teresa), (Mustafa), (Amadu), (Frank), ...

Ü2

Fragen Sie

Beispiel: Ich komme aus Frankreich. **Woher kommen Sie? / Woher kommst du?**

Aufgabe: Ich komme aus England. – Ich komme aus Schweden. – Ich komme aus Japan. – Ich komme aus Deutschland. – Ich komme aus Kanada. – Ich komme aus Brasilien. – Ich komme aus Nigeria. – Ich komme aus Australien. – Ich komme aus München. – Ich komme aus der Schweiz. – . . . . .

Beispiel: Ich heiße Fischer. **Wie heißen Sie?** / Ich heiße Madeleine. **Wie heißt du?**

Aufgabe: Ich heiße Madeleine. – Ich heiße Fischer. – Ich heiße Boulden. – Ich heiße Bauer. – Ich heiße Peter.– Ich heiße Santos. – Ich heiße Amadu. – Ich heiße Karlsson. – Ich heiße Mustafa. – Ich heiße Teresa. – . . . . .

Beispiel: Ich trinke Cola. **Was trinken Sie? / Was trinkst du?**

Aufgabe: Ich trinke Cola. – Ich trinke Bier. – Ich trinke Whisky. – . . . . .

Ü3

Bilden Sie Sätze

ich du Sie er sie	trink – komm – heiß –	Cola. Bier. Whisky. Peter. Madeleine. Santos. aus Frankreich. aus England. aus Japan. . . . . .

trink – komm – heiß –	du Sie	Whisky? Bier? Cola? Nancy? Bauer? Karlsson? aus Kanada? aus Australien? aus Schweden? . . . . .

was woher wie	trink – komm – heiß –	du? Sie?

Beispiel: Ich heiße Peter.
Ich komme aus England.
Ich trinke Cola.

Beispiel: Heißen Sie Karlsson?
Kommen Sie aus Schweden?
Trinken Sie Bier?

Beispiel: Was trinken Sie?
Wie heißen Sie?
Woher kommen Sie?

Ü4

Ergänzen Sie

Beispiel: Das **ist** Herr Watanabe.

Aufgabe: Das . . . . . Herr Watanabe. Er . . . . . aus Japan. Er . . . . . Deutsch.
Ich . . . . . Amadu Tulla. Ich . . . . . aus Nigeria. Woher . . . . . Sie?
Hallo, Madeleine, was . . . . . du? Cola? Und Sie, Herr Fischer, was . . . . . Sie? Bier?
. . . . . Sie Deutsch? Herr Tulla . . . . . schon gut Deutsch. Ich . . . . . nur Englisch.

Im Januar und Februar ist Karneval (Fasching) am Rhein und in Süddeutschland.

① ② ③ ④ ⑤

Wer ist das?

Carola Schröder
Mainz

Klaus Neumann
München

Elke Lang
Basel

Hans-Peter Fuchs
Köln

Woher kommen sie?

2

Ⓐ Österreich (Austria)	Ⓕ Frankreich	PRC Volksrepublik China
CDN Kanada	GB England (Großbritannien)	Ⓢ Schweden
Ⓓ Bundesrepublik Deutschland	Ⓘ Italien	TR Türkei
DDR Deutsche Demokratische Republik	RA Argentinien	USA Amerika (USA)

3 "Typisch deutsch"?

– Ist das "typisch deutsch"?

– Was ist "typisch deutsch"?

– Was ist "typisch englisch, französisch,

. . . . . "?

Wie heißt das auf deutsch?

1

| Wie heißt das auf deutsch? | "Stuhl".
Das heißt "Stuhl". | Nr. 14, was ist das?

Und Nr. 11? | Ein Stuhl.
Das ist ein Stuhl.
Ich weiß nicht. |

Möchten Sie .....?

2

| (Möchten Sie) eine Zigarette?
eine Zigarre?
eine Tasse Kaffee?
ein Glas Tee? | Nein, danke!
Nein, vielen Dank!
Ja, gerne!
Ja, bitte! |

3 Nehmen wir .....? Kaufen wir .....? Was möchten Sie?

Speisen:		
eine Gulaschsuppe	DM 2.70
ein Paar Würstchen mit Brot	DM 2.70
eine Bratwurst	DM 1.80
ein Schinkenbrot	DM 2.80
ein Käsebrot	DM 2.30
ein Hamburger	DM 1.80
eine Portion Pommes Frites	DM 1.30

Getränke:		
ein Glas Tee	DM 1.50
eine Tasse Kaffee	DM 1.80
ein Kännchen Kaffee	DM 3.50
ein Glas Milch	DM 1.00
eine Dose Cola	DM 1.30
ein Viertel Wein	DM 3.80
eine Flasche Bier	DM 1.60
eine Flasche Sprudel	DM 0.90

Ich habe Hunger! Durst!	Ich auch. Ich nicht.
Nehmen wir Essen wir .....? Kaufen wir	Gut./O.K. Das geht nicht. Das ist zuviel. Das ist zu teuer.
Was kostet .....?	Eine Mark achtzig. Die kostet 1,80 DM.

Die Uhrzeit

4

①		8.00	acht Uhr
		20.00	zwanzig Uhr
②		8.05	acht Uhr fünf ⎫ fünf (Minuten) nach acht
		20.05	zwanzig Uhr fünf ⎭
③		8.15	acht Uhr fünfzehn ⎫ fünfzehn (Minuten) nach acht/
		20.15	zwanzig Uhr fünfzehn ⎭ Viertel nach acht
④		8.30	acht Uhr dreißig ⎫ halb neun
		20.30	zwanzig Uhr dreißig ⎭
⑤		8.35	acht Uhr fünfunddreißig ⎫ fünfundzwanzig (Minuten) vor neun/
		20.35	zwanzig Uhr fünfunddreißig ⎭ fünf (Minuten) nach halb neun
⑥		8.45	acht Uhr fünfundvierzig ⎫ fünfzehn (Minuten) vor neun/
		20.45	zwanzig Uhr fünfundvierzig ⎭ Viertel vor neun
⑦		8.55	acht Uhr fünfundfünfzig ⎫ fünf (Minuten) vor neun
		20.55	zwanzig Uhr fünfundfünfzig ⎭

Wie spät ist es?	(Es ist) acht Uhr fünfzehn.
Wieviel Uhr ist es?	fünfzehn Minuten nach acht.
	Viertel nach acht.
	fünf vor neun.

Die Tageszeiten

5

In Frankfurt ist es jetzt 17.50 und Abend:

In Tokio ist es Nacht, 1.50 Uhr.
In Chicago ist es 10.50 Uhr und Vormittag.
Und in New York ist es Mittag, zehn Minuten vor zwölf.
In Rio de Janeiro ist es jetzt 13.50 Uhr.
In Bangkok ist es gleich Mitternacht, 23.50 Uhr.

— Wie spät ist es jetzt in Honolulu?
— Und wieviel Uhr ist es jetzt in Sydney?
— In Samoa ist es Morgen: wieviel Uhr genau?
— In Dakar ist es Nachmittag: wie spät genau?

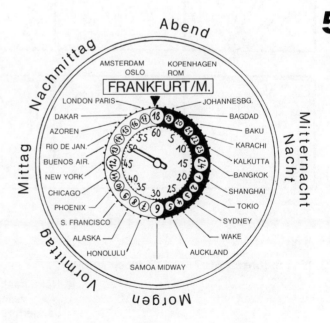

In Frankfurt ist es Abend, genau 17.50 Uhr.	Jetzt ist es in Tokio 1.50 Uhr.
	in New York zehn vor zwölf.
	in Bangkok gleich Mitternacht.

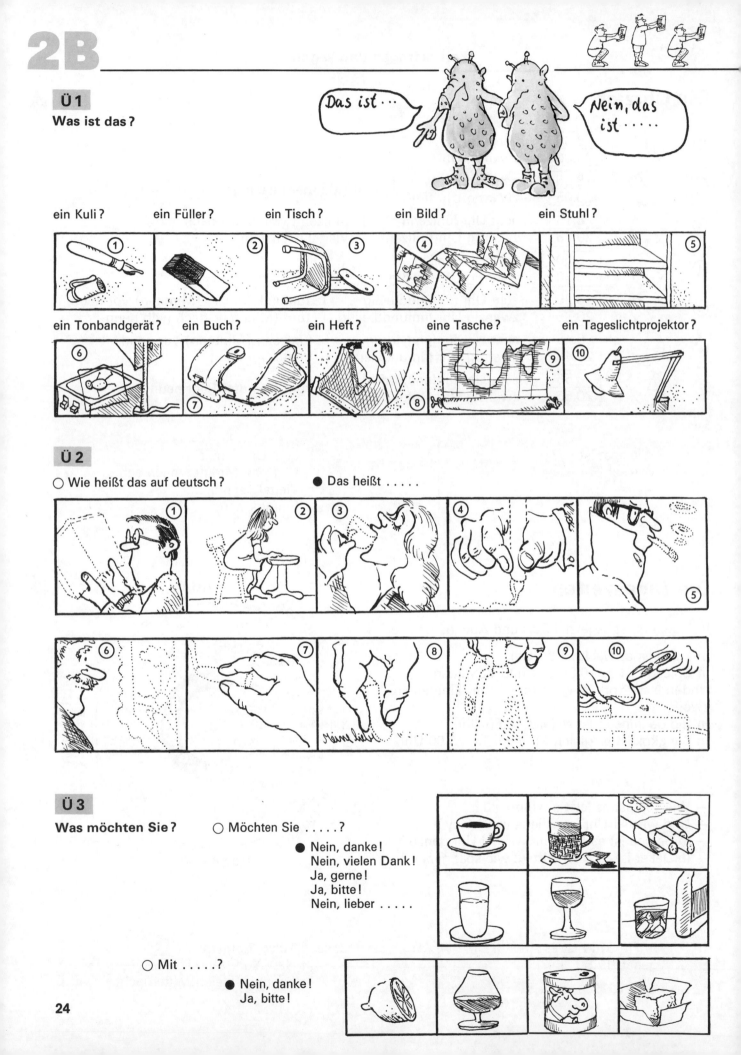

Ü 1

Was ist das?

Das ist ...

Nein, das ist .....

ein Kuli?   ein Füller?   ein Tisch?   ein Bild?   ein Stuhl?

ein Tonbandgerät?   ein Buch?   ein Heft?   eine Tasche?   ein Tageslichtprojektor?

Ü 2

○ Wie heißt das auf deutsch?   ● Das heißt .....

Ü 3

Was möchten Sie?   ○ Möchten Sie .....?

● Nein, danke!
Nein, vielen Dank!
Ja, gerne!
Ja, bitte!
Nein, lieber .....

○ Mit .....?

● Nein, danke!
Ja, bitte!

Ü 4

Was trinken Sie?

○ Guten Tag. Ja, bitte?

● Ein Bier, bitte.

Und was nehmen Sie?

○ Guten Abend.

● Bitte ein Paar Würstchen mit Brot.

○ Etwas zu trinken?

● Ja, ein Bier.

Ü 5

Was macht das, bitte?

○ Herr Ober, was macht das?   ● Das macht vier Mark dreißig.

2,70 1,60 4,30	2,70 3,80	2,80 1,50	2,30 1,30	1,80 0,90	1,30 1,80

Ü 6

Intonation

Wie?   Wie heißt das?   Wie heißt das auf deutsch?

Das?   Ein Glas Tee?   Essen wir Würstchen?

                                        Möchten Sie eine Zigarette?

Ü 7

Ausspracheübung

[i:] vier, viel, vielen –, wir, Wiedersehen; Bier
[ɪ]   – ist –; mit –, – nicht –, bitte, ich; – Bild, – Viertel, – Tisch, Schinken

[e:] nehmen –, – geht; zehn; Kaffee, – Café, Tee
[ɛ]   essen; nett, sechs, gerne, elf; – Kännchen, – Heft
[ɛ:] Käse

Ü 8

Ausspracheübung

[t]   Tee, – Tasse, – Tag; bitte, – Zigarette; – kostet –, nett, gut; trinken, – Stuhl, – ist –, deutsch, – nicht –
[d]   danke, das, deutsch, – Dose; drei

[s]   – Tasse; – weiß –, das, aus –, – Glas; – kostet –, – ist –, – heißt –
[z]   sie, Suppe; Käse, – Dose

[ts] Zigarette, Zigarre, zehn, zu; – geht's, – Schweiz; Verzeihung, – Portion; ganz, Kunze, Heinz

Ü 9

Ja bitte?

○ Guten Tag. Ja, bitte?
● Ich möchte einen Füller.
○ Da habe ich einen Füller zu 56 Mark
  und da einen zu 25 Mark.
● Dann zu 25 Mark.

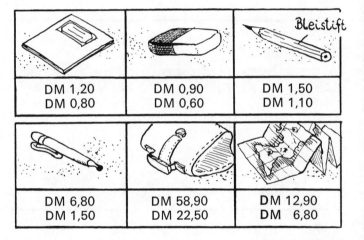

		Bleistift
DM 1,20 DM 0,80	DM 0,90 DM 0,60	DM 1,50 DM 1,10
DM 6,80 DM 1,50	DM 58,90 DM 22,50	DM 12,90 DM 6,80

Ü 10

Wie spät ist es? / Wieviel Uhr ist es?

○ Verzeihung, wie spät ist es?
● Fünf nach zehn.
○ Danke.
● Bitte sehr.

7.15	7.30	6.10	6.50	8.00	8.05	12.25	12.45	13.08	13.28	22.30
10.20	11.15	9.30	10.35	2.40	3.45	4.55	16.20	17.30	19.00	20.35

Rocko

Das ist Rocko.
Rocko ist ein U. L.
Ein U. L. ist ein "unbekanntes Lebewesen".
Auch ein U. L. hat Durst.
Aber ein U. L. trinkt kein Bier und keinen Wein, keinen Tee und keinen Kaffee, keine Milch und keinen Sprudel.
Ein U. L. trinkt Ö. L.
Und Hunger hat ein U. L. auch.
Aber ein U. L. ißt kein Brot, keine Wurst und keinen Käse, keine Suppe und keine Pommes Frites.
Ein U. L. frißt M. M. (Metall und Mineralien!)

Rocko hat Hunger.
Er möchte:
ein Glas Tee, eine Tasse Kaffee, eine Dose Cola und eine Flasche Wein.
Aber Rocko ist ein U. L.!
Und ein U. L. trinkt nur Ö. L.!

Rocko trinkt auch kein Glas Tee, er frißt ein Teeglas!
Und er trinkt auch keine Tasse Kaffee, er frißt eine Kaffeetasse!
Und er trinkt keine Dose Cola, er frißt eine Coladose!
Und er trinkt keine Flasche Wein, er frißt eine Weinflasche!

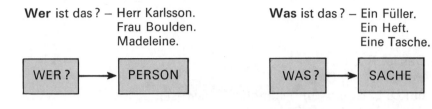

1. Person und Sache

Wer ist das? – Herr Karlsson.
Frau Boulden.
Madeleine.

Was ist das? – Ein Füller.
Ein Heft.
Eine Tasche.

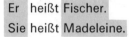

| WER? | → | PERSON |

| WAS? | → | SACHE |

2. Das Verb und die Satzergänzungen I

Er heißt Fischer.
Sie heißt Madeleine.

Er trinkt Cola.
Sie trinkt Kaffee.

Er kommt aus Amerika.
Sie kommt aus Frankreich.

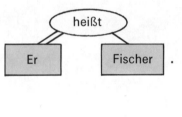

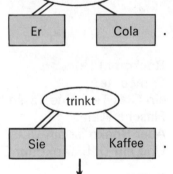

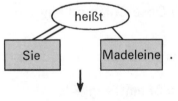

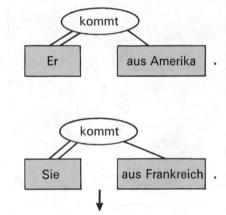

heißen + NOM + SUB

Genauso:

sein + NOM + SUB

trinken + NOM + AKK

Genauso:

haben + NOM + AKK
nehmen + NOM + AKK
essen + NOM + AKK
kosten + NOM + AKK
brauchen + NOM + AKK
(möcht-) + NOM + AKK

kommen + NOM + DIR

Genauso:

sein + NOM + DIR

Erläuterung:

NOM = Nominativergänzung (Subjekt)
SUB = Subsumptivergänzung

AKK = Akkusativergänzung
DIR = Direktivergänzung

3. Unbestimmter Artikel

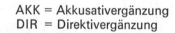

Das ist **Milch**: Das ist **ein** Glas Milch.
Das ist **Tee**: Das ist **eine** Tasse Tee.
Das ist **Cola**: Das ist **eine** Dose Cola.

Das ist **Bier**: Das ist **eine** Flasche Bier.
Das ist **Wurst**: Das ist **eine** Portion Wurst.
Das ist **Kaffee**: Das ist **ein** Kännchen Kaffee.

4. Deklination: Nominativ und Akkusativ Singular

	Maskulinum (mask.)	Neutrum (neutr.)	Femininum (fem.)
Nominativ:	ein – – Bleistift	ein – – Heft	ein – e Tasche
Akkusativ:	ein – en Bleistift	ein – – Heft	ein – e Tasche

Füller	Buch	Landkarte
Radiergummi	Glas	Lampe
Tisch	Kännchen	Tasse
Stuhl	Paar	Flasche
Tageslichtprojektor	Schinkenbrot	Dose
Hamburger	Käsebrot	Portion
		Bratwurst
		Gulaschsuppe
		Zigarette
		Zigarre

⚠ Nominativ: ein – – Name
Akkusativ: ein – en Name**n**

Ü1
Fragen Sie

Beispiel: Das ist Herr Karlsson. – **Wer ist das?**
Das ist ein Tageslichtprojektor. – **Was ist das?**

Aufgabe: Das ist Frau Boulden. – Das ist Madeleine. – Das ist ein Tonband. – Das ist Wein. – Das ist Max. – Das ist Mr. Conrad. – Das ist eine Mark. – Das ist Peter. – Das ist eine Bratwurst. – Das ist ein Hamburger (!). – . . . . .

Ü2
Antworten Sie

Beispiel: Was möchten Sie? (Tee). – **Ich möchte Tee.**
Was möchten Sie (. . . . . Tasse Tee). – **Ich möchte eine Tasse Tee.**

Aufgabe: Was möchten Sie? (Kaffee), (Kännchen Kaffee), (Glas Milch), (Wein), (Flasche Bier), (Cola), (Dose Cola), (Glas Tee), ...

Ü3
Antworten Sie

Beispiel: Was ist das? – **Ein** Füller / **ein** Heft / **eine** Tasche.

Aufgabe: Was ist das? – (Füller), (Kreide), (Landkarte), (Lampe), (Käsebrot), (Tageslichtprojektor), (Glas Tee), (Bratwurst), (Gulaschsuppe), ...

Ü4
Ergänzen Sie

Beispiel: Das ist **ein** Füller / **ein** Heft / **eine** Tasche. Ich brauche **einen** Füller / **ein** Heft / **eine** Tasche.

Aufgabe: Das ist . . . . . Ich heiße . . . . . Ist das . . . . .? Das kostet . . . . .
Ich möchte . . . . . Möchtest du . . . . .? Ich nehme . . . . . Das ist . . . . .
Er hat . . . . . Trinken Sie . . . . .? Hast du . . . . .? Ich esse . . . . .

Ü5
Bilden Sie Sätze

ich	(haben)	eine Tasse	Tee	Milch
du	(nehmen)	ein Glas	Bier	Würstchen
Sie	(essen)	eine Dose	Cola	Pommes Frites
er	(möcht –)	ein Kännchen	Kreide	
sie	(brauchen)	eine Portion	Kaffee	
	(trinken)	ein Paar	Wein	
wer				

Beispiel: Ich nehme Tee. – Ich nehme ein Glas Tee. – Wer möchte eine Tasse Kaffee? – . . . . .

1 Deutsches Geld

Zahlen 100—10 000	400: vierhundert	800: achthundert	3 000: ....
100: hundert	500: fünfhundert	900: neunhundert	4 000: ....
200: zweihundert	600: sechshundert	1 000: tausend	5 000: ....
300: dreihundert	700: siebenhundert	2 000: zweitausend	10 000: ....

2 Sonderangebot

Hähnchen gefr. HKL A 1100-g-Stck.	**3.**88	Deutsche **Markenbutter** 250-g-Stück	**1.**88
Leberwurst 100 g	**-.55**	**Frischmilch** 3.5% 1-Ltr.-Packung	**-.88**

Bulg. Tomaten 1 Pfd.	**1,28**	**Rindsgulasch** 300-g-Dose	**1,28**
Bananen 2 Pfd.	**1,28**	**Schweinefleisch** 300-g-Dose	**1,98**

Südmilch Fruchtjoghurt 500-ml-Becher	**-.99**	**Sauerlacher Brot** 750-g-Laib nur	**1.79**
Joghurt natur 2 x 200-g-Becher	**-.98**		

Kognak 0.7-Ltr.-Fl.	**15.98**

Frische Bratwurst fränkische Art 100 g nur	**-.89**
Weißwurst Münchner Art 100 g	**1.10**

Herr Schulz geht einkaufen.

Er hat 50 Mark. Er kauft:

2 Hähnchen	½ Pfund Butter
200 g Bratwurst	2 Pfund Bananen
300 g Leberwurst	2 Pfund Tomaten
1 Dose Schweinefleisch	1½ Pfund Brot
1 Liter Milch	1 Becher Fruchtjoghurt

Er kommt nach Hause und hat nur noch 11,47 DM.

Frau Schulz ist böse.

Was sagt sie? Was sagt er? (Können **Sie** das spielen?)

Umrechnungstabelle

Rechnen Sie bitte:

Sorten Tageskurse		Ankauf	Verkauf
Belgien	100 bfrs	6.02	6.30
Dänemark	100 dkr	35.00	37.00
England	1 £	3.64	3.82
Frankreich	100 NF	42.25	45.00
Holland	100 hfl.	91.00	93.50
Italien	100 Lit.	.217	.234
Jugoslawien	100 Din. (kl.)	8.10	9.40
Kanada	1 can-$	1.57	1.67
Norwegen	100 nkr	35.65	37.90
Oesterreich	100 ö.S.	13.58	13.82
Portugal	100 Esc.	3.45	4.70
Schweden	100 skr	40.50	43.00
Schweiz	100 sfrs	114.00	117.50
Spanien	100 Ptas.	2.52	2.70
USA	1 US-$	1.84	1.94

Ankauf von Travellerschecks		
US-$	1 US-$	1.86
engl.-£	1 £	3.68

Goldkurse			
20 GM		165.--	189.-- + MWst
20 sfrs.		109.--	111.-- + MWst
20 US-$		540.--	570.--

— Sie bekommen für

100 sfrs: DM 114.00
350 dkr: DM . . . .
20 US-$: DM . . . .
55 £: DM . . . .
700 ö. S.: DM . . . .

— Sie bekommen für

DM 70,—: NF . . . .

— Sie bekommen für

DM 10,—: Lit. . . . .

Die Wechselkurse sind jeden Tag anders.

— Sie bekommen **heute** für:

1 US-$?   1 £?   für **Ihr** Geld?
DM . . . .   DM . . . .   DM . . . .

Die DM ist eine "harte" Währung.
1968 war 1 US-$ etwa DM 4,— wert,
1978 war er nur noch ca. 1,80 DM wert.
Heute: 1 US-$ = DM . . . .

Die Bundesrepublik Deutschland und ihre Handelspartner

4

Die Bundesrepublik hat viele Handelspartner.
Zur EG (= Europäische Gemeinschaften) gehören: Frankreich, die Niederlande (Holland),
Italien, Belgien, Luxemburg, England, Dänemark, Irland und die Bundesrepublik Deutschland.
Die USA, Österreich und Schweden gehören nicht zur EG.

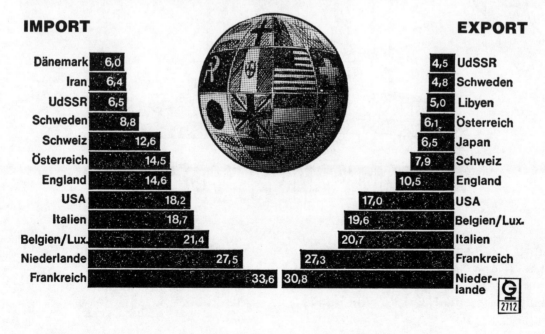

IMPORT

Dänemark	6,0
Iran	6,4
UdSSR	6,5
Schweden	8,8
Schweiz	12,6
Österreich	14,5
England	14,6
USA	18,2
Italien	18,7
Belgien/Lux.	21,4
Niederlande	27,5
Frankreich	33,6

EXPORT

4,5	UdSSR
4,8	Schweden
5,0	Libyen
6,1	Österreich
6,5	Japan
7,9	Schweiz
10,5	England
17,0	USA
19,6	Belgien/Lux.
20,7	Italien
27,3	Frankreich
30,8	Niederlande

— In welches Land exportiert die Bundesrepublik mehr als sie importiert?
— Welche Handelspartner hat **Ihr** Land?
Ist die Bundesrepublik für **Ihr** Land ein wichtiger Handelspartner?

ein . . . . .   zwei . . . . .   ein(e) . . . . .

der Arm	ein Arm	zwei Arme		der Mund	ein Mund	
der Fuß	ein Fuß	zwei Füße		der Hals	ein Hals	
die Lippe	eine Lippe	zwei Lippen		der Bauch	ein Bauch	
die Hand	eine Hand	zwei Hände		der Popo	ein Popo	
das Auge	ein Auge	zwei Augen		die Nase	eine Nase	
das Ohr	ein Ohr	zwei Ohren				
das Bein	ein Bein	zwei Beine		der Finger	ein Finger	**zehn** Finger
das Knie	ein Knie	zwei Knie		die Zehe	eine Zehe	**zehn** Zehen

Herr Fischer hat Fieber und Schmerzen, er ist krank.

○ Na, was fehlt Ihnen denn?
● Mein Hals tut weh.
○ Aha, der Hals; zeigen Sie bitte mal!
  Ja, Ihr Hals ist rot.
  Sagen Sie mal "A"!
● AAAAA!!!
○ Tut die Brust auch weh? Hier vorne?
● Ja.
○ Haben Sie Husten?
● Etwas.
○ Das ist eine Angina lacunaris.
● Wie bitte?
○ Das ist eine Entzündung. —
  Tun die Ohren auch weh?
● Ja, das Ohr links.
○ Haben Sie die Schmerzen schon lange?
● Nein, erst 2 Tage.

Was fehlt Ihnen? Was fehlt dir?	Der / mein Hals Die / meine Brust Das / mein Ohr	tut weh.

3

Geht ihr mit an den Rhein?	Ja, prima!
Kommt ihr mit?	Ja, gehen wir an den Rhein!
Gehen wir in den Dom?	Ja, wir kommen mit.
Oder ins Museum?	Ich weiß nicht.
Kommt / komm doch mit!	Nein, das Wetter ist zu schlecht.
	Nein, ich bleibe hier!

Ü 1

Das sind keine Ohren, das sind Füße!

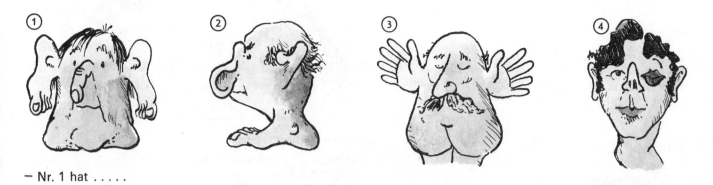

— Nr. 1 hat . . . . .

Ü 2

Was fehlt hier? — Nr. 1 . . . . . hat kein / keine / keinen . . . . .

Ü 3

Ausspracheübung

[a ≠ ɛ]	— Schrank ≠ Schränke, – Hals ≠ Hälse, – Hand ≠ Hände
[ɔ ≠ œ]	— Kopf ≠ Köpfe
[ʊ ≠ ʏ]	— Brust ≠ Brüste, – Mund ≠ Münder, Wurst ≠ Würste
[uː ≠ yː]	— Buch ≠ Bücher, – Fuß ≠ Füße, – Stuhl ≠ Stühle
[ao ≠ ɔø]	— Bauch ≠ Bäuche, – Haus ≠ Häuser
[– ≠ ə]	— Knie ≠ Knie, – Paar ≠ – Paare,
	— Dom ≠ Dome, – Arm ≠ Arme, – Bein ≠ Beine, – Brot ≠ Brote,
	— Tisch ≠ Tische, – Tag ≠ Tage
[ə ≠ ən]	— komme ≠ kommen; – Nase ≠ Nasen, – Dose ≠ Dosen
[–t ≠ –d–]	— Hand ≠ Hände, – Mund ≠ Münder
[–s ≠ –z–]	— Hals ≠ Hälse, – Glas ≠ Gläser, – Haus ≠ zu Hause
[–k ≠ –g–]	— Tag ≠ Tage

Ü 4

Was fehlt dir?

Jean ist krank. Es ist Morgen, 10.30 Uhr. Freund
Gösta kommt.

GÖSTA:

1. Was fehlt dir?
2. Tut der Hals weh?
3. Hast du Fieber?
4. Brauchst du einen Arzt?
5. Tut die Brust weh?
6. Bist du krank?
7. Möchtest du etwas trinken?

JEAN:

a) Nein, ich habe kein Fieber.
b) Ich weiß nicht.
c) Ja, ich möchte ein Glas Sprudel, bitte.
d) Nein, mein Kopf tut weh.
e) Ja, und der Kopf auch.
f) Nein danke, keinen Arzt.
g) Ich glaube, ich bin krank.

Ü 5

Was fehlt Ihnen denn?

○ Was fehlt Ihnen denn?

● Mein . . . . .
Ich habe . . . . .

Ü 6

Hallo, wie geht's?

Sehr gut, danke.

Gut, danke.

Ganz gut.

Es geht.

Schlecht.

Sehr schlecht.

○ Hallo, Susi!
Wie geht's dir denn?

● . . . .

○ Was fehlt dir denn?

● . . . .

○ Hast du die Schmerzen
schon lange?

● . . . .

Kopf	Arm	Ohren
Hals	Bein	Augen
Bauch	Knie	Füße

Einen Tag.
(Schon) 2, 3, 4, 5 Tage.

Ü 7

Intonation

mitgehen	Ich gehe mit.	Gehst du auch mit?
Hunger haben	Ich habe Hunger.	Hast du auch Hunger?
arbeiten	Ich arbeite.	Arbeitest du auch?

Ü 8

Ausspracheübung

[ɔ] vorne, doch; Wolter, – Sonne, Sonntag, – Kopf
[o:] rot, schon –; Brot; – Popo, – Dom, – Ohr

[ʊ] – Brust, – Mund, Butter, Wurst, – Schulter, – Museum
[u:] – tun, – tut; – Busen, – Fuß, – Fußball, Susanne, Husten

Ü 9

Ausspracheübung

[n] – nehmen, nein, – Nase; Ihnen, eine –, Kanada; denn –, mein –, nein, Rhein, – Bein; Knie; und –, – Hand, – Mund
[ŋ] fangen, lange, Finger, Inge; Lang, Verzeihung, – Zeitung; trinken, danke, Schinken, krank; links

[ʃ] – scheint, schön, schon –, Schinken, – Schulter; – Flasche; Englisch, Französisch, Gulasch; Schweden, – Schweiz, Sprudel; Mensch, Deutsch
[ç] sprechen; ich, mich; Frankreich, – möchten –, – nicht, Milch, – Kännchen, Würstchen

Ü 10

Kommt ihr mit?

○ Gehen wir in / an / ins . . . . . ?

● Ja, prima!
Ich weiß nicht.
Ja, gehen wir . . . . .
Nein. Gehen wir lieber . . . . .
Nein, das Wetter ist zu schlecht.

Das Picknick

Heute ist Sonntag.

Familie Lang und Familie Wolter machen Picknick.
Der Tag ist sehr schön und warm,
die Sonne scheint.
Frau Wolter macht das Essen:
Sie hat Wurst und Käse, Butter, Milch,
Eier, Brot und Bier.
Herr Lang arbeitet,
er schreibt einen Brief.
Herr Wolter küßt Frau Lang.
Michael Wolter schläft, er ist dick und faul.
Stephan Lang spielt Fußball.
Seine Schwester Susanne hört Radio.
Aber Gabi Wolter ist nicht da. Sie ist zu Hause.
Sie ist krank; ihr Kopf tut weh.
Frau Wolter ruft:
"Kommt bitte!
Wir fangen an, das Essen ist fertig!"

1. Konjugation: Präsens Singular und Plural

Infinitiv:		**sein**	haben	heißen	kommen	sprechen	antworten	essen		**– en**
Singular 1. Person	ich	**bin**	hab – e	heiß – e	komm – e	sprech – e	antwort – e	ess – e		**– e**
2. Person	du	**bist**	ha – st	heiß – t	komm – st	sprich – st	antwort – est	iß – t		**– st**
	Sie	**sind**	hab – en	heiß – en	komm – en	sprech – en	antwort – en	ess – en		**– en**
3. Person	er sie es	**ist**	ha – t	heiß – t	komm – t	sprich – t	antwort – et	iß – t		**– t**
Plural 1. Person	wir	**sind**	hab – en	heiß – en	komm – en	sprech – en	antwort – en	ess – en		**– en**
2. Person	ihr	**seid**	hab – t	heiß – t	komm – t	sprech – t	antwort – et	eß – t		**– t**
3. Person	sie	**sind**	hab – en	heiß – en	komm – en	sprech – en	antwort – en	ess – en		**– en**

Genauso: frag – en   bild – en
                   geh – en
                   sag – en
                   zeig – en

→ 1D2   trink – en

2. Konjugation: Imperativ Singular und Plural

2. Person Singular	sei!	komm!	sprich!	frag – e!	antwort – e!	–/– e
	sei – en Sie!	komm – en Sie!	sprech – en Sie!	frag – en Sie!	antwort – en Sie!	– en
2. Person Plural	sei – d!	komm – t!	sprech – t!	frag – t!	antwort – et!	– t
	sei – en Sie!	komm – en Sie!	sprech – en Sie!	frag – en Sie!	antwort – en Sie!	– en

Genauso: geh – en   ess – en   sag – en   bild – en
               trink – en   zeig – en

3. Verben mit trennbarem Präfix

Infinitiv:	Aussagesatz:	Wortfrage:	Satzfrage:	Imperativ:
mít – kommen	Ich komme mít.	Wer kommt mít?	Kommst du mít?	Komm mít!
mít – gehen	Wir gehen mít.	Wer geht mít?	Geht ihr mít?	Geh mít!
wéh – tun	Der Hals tut wéh.	Was tut wéh?	Tut der Hals wéh?	

4. Deklination: Bestimmter Artikel + Substantiv: Nominativ und Akkusativ Singular

	mask.	neutr.	fem.
Nom.	der Bleistift	das Heft	die Tasche
Akk.	den Bleistift	das Heft	die Tasche

→ 2D4

5. Deklination: Nominativ und Akkusativ Singular und Plural

		5.1. Bestimmter Artikel			5.2. Unbestimmter Artikel		
		mask.	neutr.	fem.	mask.	neutr.	fem.
Sg.	Nom.	der	das	die	ein	ein	ein -e
	Akk.	den	das	die	ein -en	ein	ein -e
Pl.	Nom.	die	die	die			
	Akk.	die	die	die			

6. Substantiv: Nominativ Plural

– e	¨ – e	– en	– n	– –	– er	¨ – er	– s
Tisch – e	Stühl – e	Tageslicht-	Name – n	Füller – –	Kind – er	Büch – er	Kuli – s
Lineal – e	Würst – e	projektor – en	Lampe – n	Hamburger – –		Gläs – er	Radier-
Brot – e	Händ – e	Portion – en	Land-	Kännchen – –		Münd – er	gummi – s
Stück – e	Häls – e	Ohr – en	karte – n	Busen – –			Popo – s
Paar – e	Bäuch – e	Schmerz – en	Tasse – n				
Arm – e	Brüst – e	Entzündung – en	Flasche – n				
Kni – e			Dose – n				
Bein – e			Zigarette – n				
Tag – e			Zigarre – n				
Dom – e			Auge – n				
			Lippe – n				
			Nase – n				

7. Das Verb und die Satzergänzungen II

Das Essen ist fertig.
Der Tag ist schön und warm.

Susi Wolter ist krank.
Michael Wolter ist dick und faul.

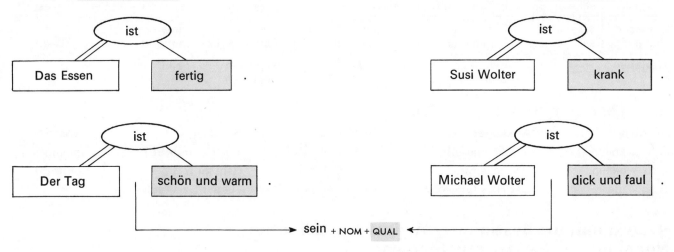

Erläuterung:
QUAL = Qualitativergänzung

Ü 1

Ergänzen und antworten Sie

Beispiel: Wie heiß **– en** Sie? – Ich **heiße Peter.**

Aufgabe: Woher komm – . . . . . du? – Ich . . . . .
Wie heiß – . . . . . sie? – Sie . . . . .
Geh – . . . . . ihr an den Rhein? – Nein, wir . . . . .
Komm – . . . . . er mit? – Ja, er . . . . .
Sprech – . . . . . ihr deutsch? – Ja, wir . . . . .
Tu – . . . . . der Hals weh? – Nein, er . . . . .

Bist **du** aus England? – Ja, ich **bin aus England.**

Seid . . . . . aus Frankreich? – Ja, wir . . . .
Ist . . . . . aus Japan? – Nein, er . . . . .
Sind . . . . . aus Amerika? – Nein, ich . . . . .
Sind . . . . . aus Kanada? – Ja, wir . . . . .

Ü 2

Ergänzen Sie

Beispiel: Der Lehrer sagt: Antwort – **en** Sie!

Aufgabe: Frag – . . . . . Sie! – Sprech – . . . . . Sie! – Bild – . . . . . Sie einen Satz! – Zeig – . . . . . Sie mal! – Sag – . . . . . Sie das noch einmal! – Wiederhol – . . . . . Sie!

Beispiel: Du sagst zu Peter: Antwort – **e**!

Aufgabe: Frag – . . . . . ! Bild – . . . . . einen Satz! – Zeig – . . . . . mal! – Sag – . . . . . das noch einmal! – Wiederhol – . . . . . !

Beispiel: Du sagst zu Peter und Madeleine: Antwort – **et**!

Aufgabe: Frag – . . . . . ! – Sprech – . . . . . ! – Zeig – . . . . . mal! – Sag – . . . . . das noch einmal! – Wiederhol – . . . . . ! Bild – . . . . . einen Satz!

Ü 3

Ergänzen Sie

Beispiel: Er **ist** aus **Frankreich**. Er **ißt** gerne **Käse**. Er **trinkt** gerne **Wein**.

Aufgabe: Sie . . . . . aus Amerika. Sie . . . . . gerne Hamburger. Sie . . . . . gerne Cola.
Ich . . . . . aus . . . . .   Ich . . . . . gerne . . . . .   Ich . . . . . gerne . . . . .
Wir . . . . . aus . . . . .   Wir . . . . . gerne . . . . .   Wir . . . . . gerne . . . . .
Woher . . . . . ihr? – Was . . . . . ihr gerne? – Was . . . . . ihr gerne?
Wir . . . .   – Wir . . . .   – Wir . . . .

Ü 4

Bilden Sie Sätze

Beispiel: **Der Arm** tut mir weh. – Zeigen Sie mal **den Arm**

Aufgabe: (Hals), (Brust), (Bauch), (Knie), (Fuß), (Ohr)

Ü 5

Bilden Sie Sätze

Beispiel: Möchten Sie eine Bratwurst oder zwei **Bratwürste**?

Aufgabe: (ein Käsebrot), (ein Schinkenbrot), (einen Hamburger), (ein Glas Milch), (eine Dose Cola), (eine Flasche Bier), (ein Glas Wein), (eine Tasse Kaffee), (ein Glas Tee), (eine Zigarre)

Ü 6

Ergänzen und malen Sie

Beispiel: Malen Sie **einen** Kopf, dann **zwei** Aug – **en,** dann . . . . .

Aufgabe: Malen Sie . . . . . Kopf, dann zwei Aug – . . . . ., dann . . . . . Nase, dann . . . . . Mund, dann zwei Ohr – . . . . ., dann . . . . . Hals, dann . . . . . Brust und . . . . . Bauch, dann zwei Arm – . . . . . und zwei Händ – . . . . ., dann zwei Bein – . . . . . und zwei Füß – . . . . . ! Fehlt etwas?

Ü 7

Fragen Sie

Beispiel: Ich komme mit. Und du? **Kommst du auch mit?**

Aufgabe: Wir kommen mit. Und ihr? . . . . . ? – Wir gehen ins Museum. Und ihr? . . . . . ? – Ich gehe mit. Und Sie? . . . . . ? – Nancy geht an den Rhein. Und Peter? . . . . . ? – Herr Fischer kommt mit. Und Frau Boulden? . . . . . ?

1 Was machen die Deutschen am Wochenende?

	Ges.	Männer	Frauen
	%	%	%
1. Fernsehen	69	69	69
2. Spaziergänge machen	50	44	56
3. Den Tag (Nachmittag) gemütlich zu Hause verbringen	45	37	51
4. Freunde, Verwandte besuchen	45	38	50
5. Zeitung lesen	43	48	39
6. Radio hören	33	32	34
7. Gäste einladen	32	27	36
8. Reparaturen, Sachen in Ordnung bringen	30	38	22
9. Ganz gründlich ausschlafen	29	31	27
10. Illustrierte, Hefte lesen	29	23	34
11. Bücher lesen	29	25	33
12. Mit dem Motorrad, Auto usw. wegfahren	29	36	23
13. Beschäftigung mit Kindern, Spielen mit Kindern	27	24	30
14. Im Garten, auf dem Grundstück arbeiten	26	31	21
15. Basteln, Handarbeiten machen	25	12	36
16. In die Kirche, zum Gottesdienst gehen	23	17	28
17. Am Nachmittag schlafen, behaglich ausruhen	23	21	25
18. Ins Restaurant, Lokal gehen	21	26	18
19. Auf den Friedhof gehen, ein Grab besuchen	19	13	24
20. Zu Sportveranstaltungen gehen	17	29	6
21. Tanzen gehen	17	18	16
22. Karten spielen, Schach spielen	16	22	12
23. Zu Fuß, mit dem Fahrrad, mit dem Boot wandern	16	17	16
24. Briefe schreiben	15	8	20
25. Sport treiben	14	21	7

— Und wie ist das in **Ihrem** Land?
— Was machen die Leute am Wochenende?

Wer ist wer?

Familie Linseisen: Hans Linseisen, 32, ist Taxifahrer; Jutta Linseisen, 25, studiert noch. Sie haben 1 Kind: Sybille, 7.	**Irmgard Henschel:** Sie ist 30, Sekretärin. Sie hat einen Hund, Strolchi.
Ehepaar Wimmer: Hubert Wimmer, 30, ist Lehrer; Ilse Wimmer, 27, arbeitet in einer Bank. Sie haben keine Kinder.	**Klaus Höpfl,** 39: Er ist Fußballtrainer. Er ist nicht verheiratet. Seine Freundin Marianne ist Verkäuferin.
Helga Otremba, 42, Abteilungsleiterin, geschieden. Ihr Sohn Helmut, 16, wohnt bei ihr. Sie hat eine Katze, Muschi.	**Jutta Steffel,** 34, Hausfrau. Herr Steffel ist Automechaniker. Sie haben 2 Kinder, Fritz, 14, und Irene, 11.
Branco Petrovich, 36, aus Jugoslawien, arbeitet bei Ford. Er ist noch nicht lange in Deutschland. (Er ist nicht zu Hause.)	**Eva Harre,** 67, Witwe, war Postangestellte, sie ist pensioniert. Ihre Kinder sind verheiratet. Sie wohnt allein. Ihre Freundin ist zu Besuch.

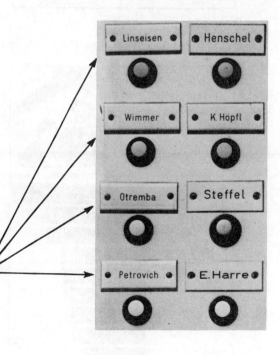

Wer ist Taxifahrer?		verheiratet?
Wer ist bei Ford?		ledig?
Wer ist Hausfrau?	Wer ist	geschieden?
Wer hat Kinder?		verwitwet?
Wer hat ein Haustier?	Wie alt ist Herr Petrovich?	

43

1 Wie die Deutschen wohnen

1
Alte
Fachwerk-
häuser in
Celle

2
Moderne
Wohnblocks
in der
Großstadt

3
Alte
Arbeiter-
siedlung
im
Ruhrgebiet

Ausstattung
der Wohnungen:

Mit Bad, WC und Zentralheizung: 53%

Mit Bad und WC: 33%
Nur mit WC: 8%

4
Reihenhäuser,
wie man sie
überall
findet

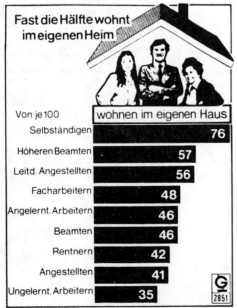

Fast die Hälfte wohnt
im eigenen Heim

Von je 100	wohnen im eigenen Haus
Selbständigen	76
Höheren Beamten	57
Leitd. Angestellten	56
Facharbeitern	48
Angelernt. Arbeitern	46
Beamten	46
Rentnern	42
Angestellten	41
Ungelernt. Arbeitern	35

— Wie sehen die Häuser in **Ihrem** Land aus?

— Wer hat bei **Ihnen** ein eigenes Haus?

— Wie "modern" sind die Wohnungen in **Ihrem** Land?

Wer wohnt in welcher Wohnung? 2

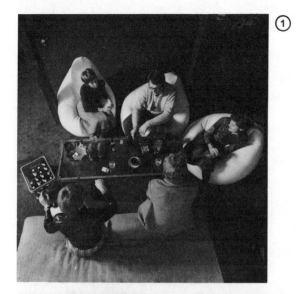

A Ilse Bauer, 67, Rentnerin, Frankfurt. Sie hat eine Zwei-Zimmer-Wohnung.

B Hans Lang, 23, Student. Er hat ein Zimmer in einem Studentenheim in Kassel.

C Max und Jutta Kaiser, 2 Kinder. Herr Kaiser ist Redakteur bei einer Zeitung in Köln. Sie haben ein Reihenhaus.

D Dr. Alexander Möller, 38, und Dr. Ingeborg Möller, 36, Zahnärzte, 2 Kinder. Die Möllers wohnen in einem Vorort von München.

E Karl Ziegler, 28, technischer Zeichner. Er hat ein modernes Ein-Zimmer-Appartement in Hannover.

F Salvatore und Maria Amado, 2 Kinder. Herr Amado ist bei einer Baufirma in Berlin. Sie haben 2 Zimmer.

Was gehört zusammen?

①   A
      B
②   C
③   D
      E
④   F   **Warum?**

3 Welche Wohnung ist in welchem Haus?

Was gehört zusammen?

Leute	Wohnungen	Häuser
A	①	①
B		②
C	②	③
D		④
E	③	⑤
F	④	

Warum?

Wohnen im Reihenhaus

Typ C

Wohnfläche:	105,83 qm
mit Dachausbau:	137,92 qm

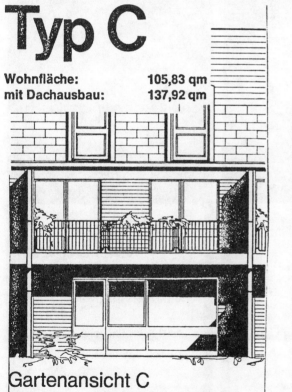

Gartenansicht C

Erdgeschoß

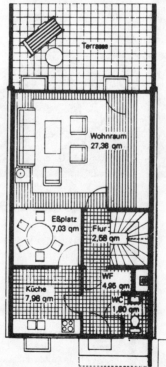

Terrasse

Wohnraum 27,38 qm

Eßplatz 7,03 qm

Flur 2,58 qm

Küche 7,98 qm

WF 4,95 qm

WC 1,50 qm

Obergeschoß

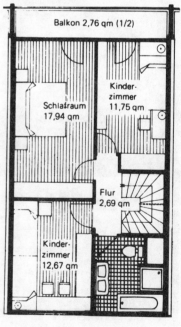

Balkon 2,76 qm (1/2)

Schlafraum 17,94 qm

Kinderzimmer 11,75 qm

Flur 2,69 qm

Kinderzimmer 12,67 qm

	Vorteile:	Nachteile:
Lage:		
Verkehrsverbindungen:		
Größe:		
Preis:		
Grundriß:		
Ausstattung:		
andere:		

5 Essen in Deutschland

Ein gemütliches Restaurant

Eine "Würstchenbude"

—Vergleichen Sie: Wie sieht ein Gasthaus / Schnellimbiß in **Ihrem** Land aus?

Die Speisekarte:

Suppen
Soups · Potages

Bayer. Leberknödelsuppe
Liver dumpling soup
Consommé avec quenelle de foie
2.30

**Gulaschsuppe
nach Wiener Art**
Goulash soup "vienna style"
Potage «Goulash»
à la viennoise
3.10

Hühnersuppe mit Nudeln
Chicken broth with noodles
Bouillon de poule au vermicelle
1.50

Steaks vom Rind 180 g Frischgewicht

"Texas"-Steak
mit Kräuterbutter, Pommes
frites und Saisonsalat
TEXAS-steak, french fries, salad
Steak TEXAS, pommes frites,
salade de saison
13.80

Zigeuner-Steak
mit einer Sauce aus Paprika,
Zwiebeln, dazu Reis und
Saisonsalat
Steak "gipsy-style", rice, salad
Steak de bœuf zingara, riz, salade
13.80

Salate & Beilagen
Salad and side dishes
Salade et garnitures

Gemischter Salat
je nach Saison
Mixed salad · Salade variée
2.50

Kartoffelsalat
Potato salad
Salade de pommes de terre
1.95

Kartoffeln
Boiled potatoes · Pommes vapeur
1.95

Eiernudeln · Noodles · Pâtes
1.95

1. Stellen Sie ein Menü zusammen: Was möchten **Sie** gerne essen?
2. Diese Speisekarte ist "international". Welche Speisen sind Ihrer Meinung nach "typisch deutsch"?
3. Welche typischen Speisen gibt es in **Ihrem** Land?
4. In Deutschland ist das Essen im Restaurant ziemlich teuer. Wie sind die Preise in **Ihrem** Land?

Fräulein Miller sucht einen Platz.
Sie fragt einen Herrn.
Ein Platz ist noch frei.
Der Herr hilft
und nimmt ihr Gepäck.
Dann ist er sehr enttäuscht.

Warum?

Ist der Platz noch frei?	Ja, der ist frei. Nein, der ist besetzt, aber der ist noch frei.
Ich helfe Ihnen!	Danke schön, das ist aber nett. Vielen Dank! Ja, bitte. Danke, nicht nötig.

2

> Wann geht die Maschine nach Hannover?

> Um 11.50 Uhr.

> Wie lange dauert der Flug?

> Etwa 1 Stunde.

> Und wie spät ist es jetzt?

> 11.02 Uhr.

```
ABFLUG INLAND / DOMESTIC DEPARTURES   MO 09.10.78  11 01

FL. NR.   NACH / TO      STD   ETD   GATE
LH 621    FRANKFURT     1110  1130
PA 073    FRA-NEW YORK  1120         B
LH 755    HAMBURG       1120         B11
LH 958    STUTTGART     1130         B14
LH 408    CGN-NEW YORK  1140         B20
LH 014    HANNOVER-CPH  1150         B11
LH 936    DUESSELDORF   1200         B18
PA 734    NUE-BERLIN    1245         B19
LH 939    DUESSELDORF   1340         B12
LH 937    DUESSELDORF   1400         B20
LH 797    HAMBURG       1405         B14
LH 755    FRANKFURT     1415         B11
DF2565    STR-FARO      1425         B 5
LH 756    FRANKFURT     1440         B 7
LH 876    KOELN-BONN    1440         B10
PA 736    BERLIN        1455         B19
LH 359    DUESSELDORF   1515         B20
IH 999F   FRANKFURT     1525
LH 877    KOELN-BONN    1620
```

3 Kalender, Datum, Termine

	Januar	Februar	März	April	Mai	Juni
Wo	1 2 3 4 5	5 6 7 8 9	9 10 11 12 13	13 14 15 16 17 18	18 19 20 21 22	22 23 24 25 26
Mo	1 8 15 22 29	5 12 19 26	5 12 19 26	2 9 16 23 30	7 14 21 28	4 11 18 25
Di	2 9 16 23 30	6 13 20 27	6 13 20 27	3 10 17 24	1 8 15 22 29	5 12 19 26
Mi	3 10 17 24 31	7 14 21 28	7 14 21 28	4 11 18 25	2 9 16 23 30	6 13 20 27
Do	4 11 18 25	1 8 15 22	1 8 15 22 29	5 12 19 26	3 10 17 24 31	7 14 21 28
Fr	5 12 19 26	2 9 16 23	2 9 16 23 30	6 13 20 27	4 11 18 25	1 8 15 22 29
Sa	6 13 20 27	3 10 17 24	3 10 17 24 31	7 14 21 28	5 12 19 26	2 9 16 23 30
So	7 14 21 28	4 11 18 25	4 11 18 25	1 8 15 22 29	6 13 20 27	3 10 17 24

	Juli	August	September	Oktober	November	Dezember
Wo	26 27 28 29 30 31	31 32 33 34 35	35 36 37 38 39	40 41 42 43 44	44 45 46 47 48	48 49 50 51 52 1
Mo	2 9 16 23 30	6 13 20 27	3 10 17 24	1 8 15 22 29	5 12 19 26	3 10 17 24 31
Di	3 10 17 24 31	7 14 21 28	4 11 18 25	2 9 16 23 30	6 13 20 27	4 11 18 25
Mi	4 11 18 25	1 8 15 22 29	5 12 19 26	3 10 17 24 31	7 14 21 28	5 12 19 26
Do	5 12 19 26	2 9 16 23 30	6 13 20 27	4 11 18 25	1 8 15 22 29	6 13 20 27
Fr	6 13 20 27	3 10 17 24 31	7 14 21 28	5 12 19 26	2 9 16 23 30	7 14 21 28
Sa	7 14 21 28	4 11 18 25	1 8 15 22 29	6 13 20 27	3 10 17 24	1 8 15 22 29
So	1 8 15 22 29	5 12 19 26	2 9 16 23 30	7 14 21 28	4 11 18 25	2 9 16 23 30

Ferien

Ferientermine Bundesrepublik Deutschland*	Weihnachten	Ostern	Pfingsten	Sommer	Herbst	Weihnachten
Baden-Württemberg	23.12.–12.1.	7.4.–21.4.	5.6.	26.7.– 5.9.	29.10.–30.10.	22.12.–11.1.
Bayern	23.12.– 8.1.	9.4.–21.4.	5.6.–16.6.	1.8.–17.9.	31.10.– 2.11.	21.12.– 8.1.
Berlin	23.12.– 6.1.	2.4.–21.4.	2.6.– 5.6.	19.7.– 1.9.	26.10.– 3.11.	22.12.– 5.1.
Bremen	23.12.– 8.1.	2.4.–21.4.	5.6.– 6.6.	19.7.– 1.9.	29.10.– 3.11.	24.12.– 7.1.
Hamburg	25.12.– 6.1.	5.3.–24.3.	21.5.–26.5.	16.7.–25.8.	22.10.–27.10.	24.12.– 5.1.
Hessen	22.12.–10.1.	31.3.–21.4.	5.6.	12.7.–22.8.	22.10.– 2.11.*	22.12.– 4.1.*
Niedersachsen	22.12.– 6.1.	2.4.–21.4.	2.6.– 5.6.	19.7.–29.8.	24.10.– 3.11.	22.12.– 5.1.
Nordrhein-Westfalen	22.12.– 6.1.	31.3.–21.4.	–	21.6.– 4.8.	5.10.–13.10.	21.12.– 5.1.
Rheinland-Pfalz	23.12.– 6.1.	9.4.–30.4.	2.6.– 5.6.	5.7.–15.8.	25.10.–31.10.	22.12.– 7.1.
Saarland	22.12.– 6.1.	2.4.–23.4.	–	5.7.–18.8.	26.10.– 3.11.	24.12.– 5.1.
Schleswig-Holstein	22.12.– 4.1.	2.4.–23.4.	2.6.	12.7.–22.8.	15.10.–27.10.	22.12.– 5.1.

Wo = Woche

Mo = Montag
Di = Dienstag
Mi = Mittwoch
Do = Donnerstag
Fr = Freitag
Sa = Samstag
So = Sonntag

○ Wann fährst du in Urlaub?

● Ich weiß noch nicht, im Sommer. Wann fangen in Bayern die Sommerferien an?

○ Am ersten August. Sie gehen bis zum siebzehnten September.

● Dann fahre ich im Juli oder im Oktober. Und du?

○ Ich mache im Winter Urlaub. Nächste Woche geht's los.

● Nächste Woche schon? Wie lange bleibst du?

○ Drei Wochen, vom fünften bis zum fünfundzwanzigsten März.

Wieviel Uhr ist es? / Wie spät ist es?	Es ist elf Uhr zwei. / Es ist zwei Minuten nach elf.
Wann geht die Maschine?	Um elf Uhr fünfzig. / Zehn vor zwölf.
Wann fährst du in Urlaub?	Nächste Woche. / Im Juli oder im Oktober.
Wann kommst du wieder?	Am Sonntag, dem fünfundzwanzigsten März.
Wann fangen die Ferien an?	Am ersten August.
Wie lange dauert der Flug?	Etwa eine Stunde.
Wie lange bleibst du?	Drei Wochen, vom fünften bis zum fünfundzwanzigsten März.

4

Herr Miller geht ins Kino.
Er kommt etwas spät,
es ist schon 7 nach 8.

Das Kino ist ganz voll.
Aber er bekommt noch eine Karte.
Sein Platz ist in Reihe 17.
Er hat die Platznummer 235.

Herr Miller geht in Reihe 17.
Er sucht seinen Platz.
Aber alle Plätze sind besetzt.

Wem gehört Platz Nr. 235 ?

Gehört der Koffer/Platz Ihnen ?	Nein, mir/uns nicht.
euch ?	Ja, der gehört uns.
Wem gehört der Koffer/Platz ?	Mir./Uns./Ihm.
	Das ist mein/sein Platz/Koffer.

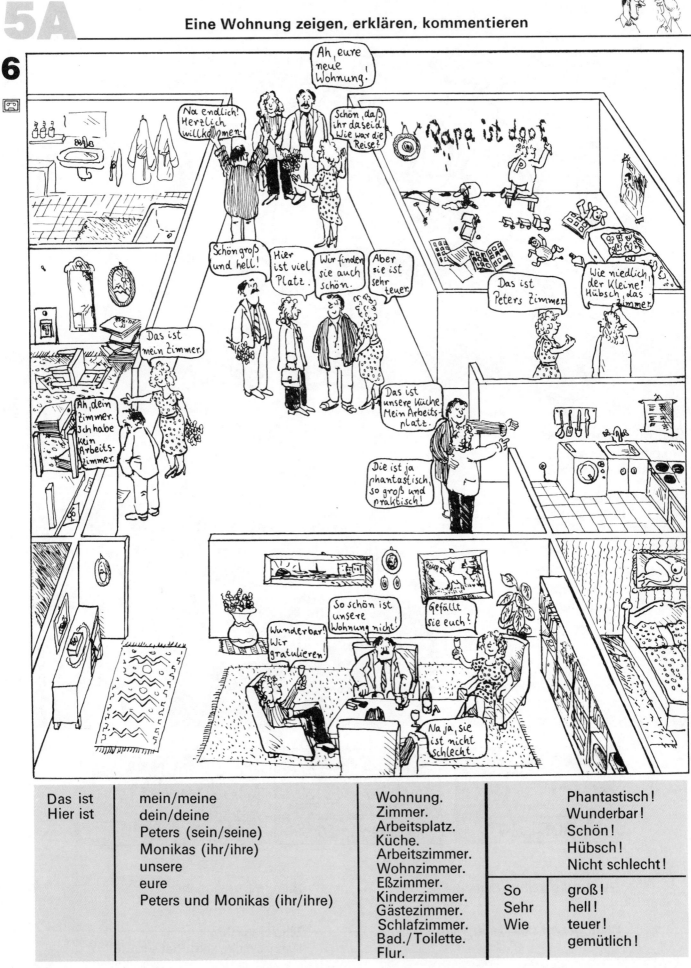

Das ist	mein/meine	Wohnung.	Phantastisch!
Hier ist	dein/deine	Zimmer.	Wunderbar!
	Peters (sein/seine)	Arbeitsplatz.	Schön!
	Monikas (ihr/ihre)	Küche.	Hübsch!
	unsere	Arbeitszimmer.	Nicht schlecht!
	eure	Wohnzimmer.	
	Peters und Monikas (ihr/ihre)	Eßzimmer.	So / Sehr / Wie → groß! hell! teuer! gemütlich!
		Kinderzimmer.	
		Gästezimmer.	
		Schlafzimmer.	
		Bad./Toilette.	
		Flur.	

Ü1

Intonation

Herr Müller kommt.

Ich suche Frau Boulden.

Dèr hier ist besétzt.

Gehört die Flasche Ihnen?

Ja, er kommt.

Ja, ich suche sie.

Aber dèr ist noch fréi.

Ja, die gehört mir.

Nein, mìr gehört die nícht.

Das Buch gehört mir.

Das ist mein Buch.

Ich suche mein Buch.

Ü2

Ausspracheübung

[–n+n–]   zehn nach neun
[n ≠ n:]   ein Platz ≠ einen Platz, mein – ≠ meinen –, dein – ≠ deinen –
[–f+f–]   fünf vor neun, elf vor –, zwölf vor –
[ʔ]   er hat es ihm gesagt

Ü3

Wann treffen wir uns?

○ Wann treffen wir uns?
● Um halb acht?
○ Gut, um halb acht.

Ü4

Wann fängt das Kino an?

○ Wann fängt das Kino an?
● Um 20.15.
○ Und wie lange dauert der Film?
● Zwei Stunden, von 20.15 bis 22.15.

11.00—12.30	15.30—16.30	20.00—21.30	20.30—21.45	20.15—22.00
8.00—11.00	9.30—10.30	10.15—12.15	14.10—14.30	16.40—19.40

Ü 5

Ausspracheübung

[ə] – komme, – heiße –, – trinke, – spreche; eine –, lange, bitte, danke; – Zigarre, – Lippe, – Tasse, – Tasche, – Auge, – Küche; – gehört –, besetzt, Gepäck; kommen, trinken, sprechen; guten; – Viertel

[ɐ] aber –, alter –; Eier, Müller, – Zimmer, – Finger, Hunger, – Koffer, Peter; mir, hier, Ihr, der, sehr, vor –; Ohr

[ae] eins, zwei, drei, dreizehn, dreißig, ein –, mein –, nein, dein –, sein –, schreiben, zeigen, arbeiten; Eier, – Bein, – Zeitung

[ao] rauchen, kaufen; faul, auf –, aus –, – auch –; Braun, Frau –, Klaus, Paul, Bauer, – Bauch, – Haus, Australien Auge

[ɔø] – freut –; neun, teuer, deutsch, heute; – Freund

Ü 6

Ausspracheübung

[f] fehlen, vier, viel, phantastisch, vor –, – Viertel, Verzeihung, – Fuß; Kaffee, – Café, Koffer; auf –

[v] – war –, wie, wir, – weh, wem, wo, wunderbar, Würstchen, – Wetter, – Wade, – Wohnung, Wurst, Wein

[ç] – Küche, gemütlich, nötig, zwanzig, dreißig, vierzig

[x] machen, nach –, noch –, – doch –, – auch, Bauch; acht

[ç ≠ x] zwanzig nach acht

[j] jetzt, ja, Japan

Ü 7

Wem gehört was?   ○ Gehört die Flasche Ihnen?

Ja, die gehört mir.   Nein, mir gehört
Vielen Dank!   die nicht.

Ü 8

Was gehört wem?

○ Gehören die Karten Ihnen?

Ja, die gehören mir / uns.　　　　Nein, die gehören ihm / ihr / ihnen.

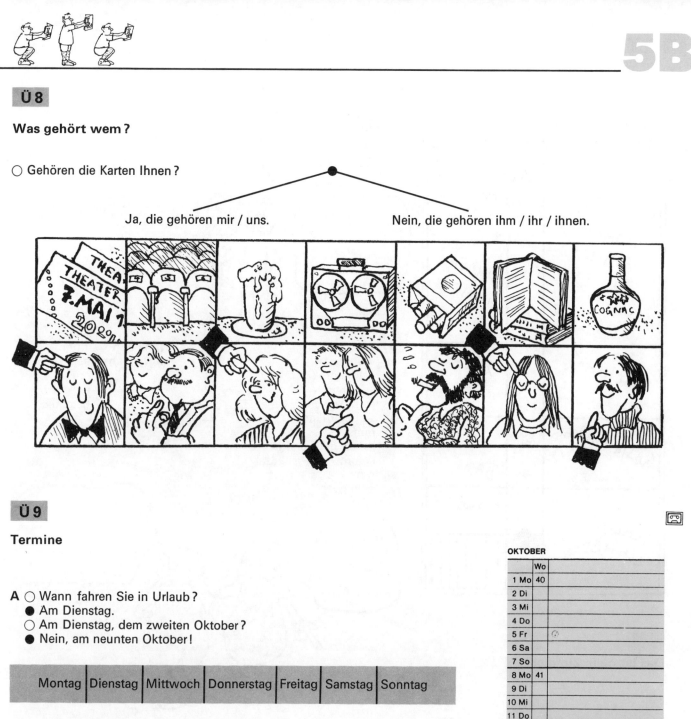

Ü 9

Termine

A ○ Wann fahren Sie in Urlaub?
　● Am Dienstag.
　○ Am Dienstag, dem zweiten Oktober?
　● Nein, am neunten Oktober!

Montag	Dienstag	Mittwoch	Donnerstag	Freitag	Samstag	Sonntag

B ○ Wann kommst du?
　● Nächsten Freitag. / Freitag nächste Woche.
　○ Ist das Freitag, der . . . . . Oktober?
　● Nein, der . . . . . / Ja, der . . . . .

C ○ Treffen wir uns am Donnerstag, dem . . . . .!
　● Um wieviel Uhr?
　○ 10 Uhr 30.
　● Lieber am Nachmittag!
　○ 14 Uhr?
　● O. K.

Morgen 7.30	Vormittag 10.30	Mittag 12.00	Nachmittag 14.00	Abend 18.15

OKTOBER

	Wo	
1 Mo	40	
2 Di		
3 Mi		
4 Do		
5 Fr		◔
6 Sa		
7 So		
8 Mo	41	
9 Di		
10 Mi		
11 Do		
12 Fr		◖
13 Sa		
14 So		
15 Mo	42	
16 Di		
17 Mi		
18 Do		
19 Fr		
20 Sa		
21 So		●
22 Mo	43	
23 Di		
24 Mi		
25 Do		
26 Fr		
27 Sa		
28 So		◗
29 Mo	44	
30 Di		
31 Mi		

Ü 10

Wie gefällt Ihnen die Wohnung?

ARBEITS-ZIMMER

WOHN-ZIMMER

KINDER-ZIMMER

ESSZIMMER

KÜCHE

FLUR

GÄSTE ZIMMER

BAD

TOILETTE

SCHLAF-ZIMMER

Wie gefällt Ihnen das Zimmer?

+	−
phantastisch!	ganz schön, aber:
wunderbar	**nicht sehr** hell
schön groß	groß
sehr schön	praktisch
so praktisch	gemütlich
so gemütlich	
hübsch	sehr teuer
schön groß und hell	
so groß und praktisch	nicht so gut
gut	
sehr gut	

Wie gefällt dir das Bett?

Ü 11

Das ist mein Zimmer!

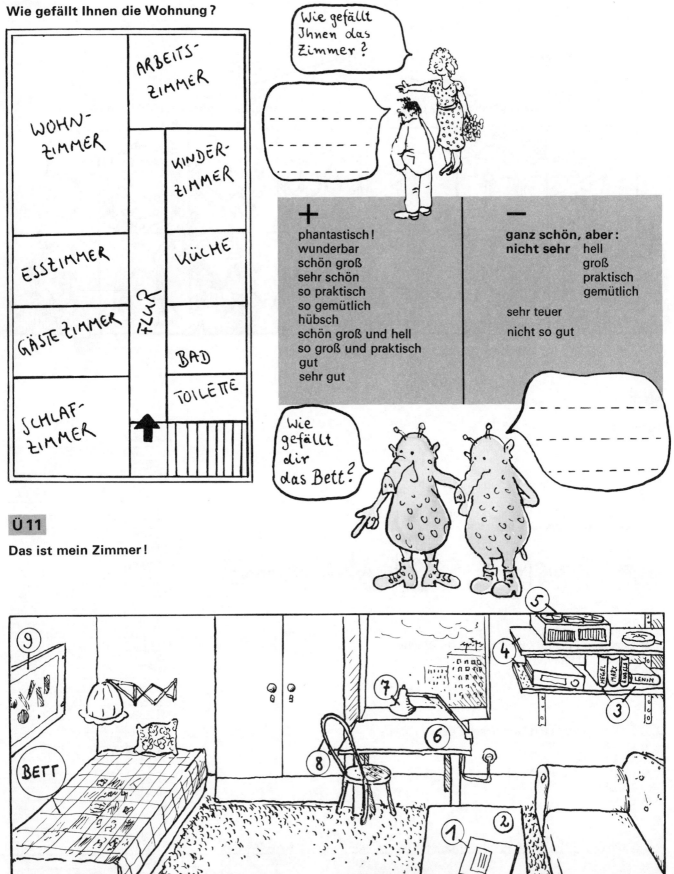

BETT

Zahnschmerzen

SEPTEMBER	
1 Mo	
2 Di	
3 Mi	
4 Do	
5 Fr	
6 Sa	
7 So	
8 Mo	
9 Di	
10 Mi	
11 Do	8.30 Zahnarzt
12 Fr	
13 Sa	
14 So	
15 Mo	
16 Di	
17 Mi	
18 Do	
19 Fr	
20 Sa	
21 So	
22 Mo	
23 Di	
24 Mi	
25 Do	
26 Fr	
27 Sa	
28 So	
29 Mo	
30 Di	

Heute ist Dienstag, der neunte September.
Herr Riad möchte einen Termin beim Zahnarzt.
Er hat Zahnschmerzen.

Die Sprechstundenhilfe sucht einen Termin.
Der 23. September paßt, da ist ein Termin frei.
Das ist in 14 Tagen.

Herr Riad hat große Schmerzen.
Der dreiundzwanzigste September ist ihm zu spät.
Er sagt: "Bitte etwas früher; ich habe immer Zeit, um 7 Uhr morgens
oder auch spät am Abend."

Die Sprechstundenhilfe sucht weiter:
"Donnerstag um 8.30 Uhr — oder Dienstag um 17.30 Uhr." —
"Dienstag? Dieser Dienstag, der neunte September??"
"Ja, richtig, das ist heute!"

Herr Riad hat Angst: "Ich komme lieber am Donnerstag."
Die Sprechstundenhilfe notiert: "Donnerstag, 11. September, 8.30,
Herr Riad".

Verstehen Sie das?   Ganz einfach!   **2**

Heute ist heute heute.
Heute ist gestern gestern.
Heute ist morgen morgen.

Morgen ist heute gestern.
Morgen ist gestern vorgestern.
Morgen ist morgen heute.
Morgen ist übermorgen morgen.

Übermorgen ist heute vorgestern.
Übermorgen ist morgen gestern.
Übermorgen ist übermorgen heute.

Am neunten ist der neunte heute.
Am neunten ist der achte gestern.
Am neunten ist der zehnte morgen.

Am zehnten ist der neunte gestern.
Am zehnten ist der achte vorgestern.
Am zehnten ist der zehnte heute.
Am zehnten ist der elfte morgen.

Am elften ist der neunte vorgestern.
Am elften ist der zehnte gestern.
Am elften ist der elfte heute.

		6 Sa
vor-gestern		7 So
gestern		8 Mo
heute	→	9 Di
morgen		10 Mi
über-morgen		11 Do
		12 Fr

3 Wie gefällt euch unsere Wohnung?

Monika und Max Kurz haben eine neue Wohnung;
die Wohnung hat vier Zimmer, Küche und Bad.
Sie ist groß und hell, und sie gefällt ihnen sehr gut.
Heute haben Monika und Max Besuch; Herr und Frau Lang sind da.
"Das ist also eure neue Wohnung", sagt Herr Lang. "Zeigt ihr sie uns mal?" fragt Frau Lang. "Ja, gerne", sagt Frau Kurz, "kommt mit! . . . . . Hier ist unser Wohnzimmer. Wie gefällt es euch?" "Das ist sehr gemütlich", sagt Herr Lang. "Sind die Sessel neu?" fragt Frau Lang. "Ja, die sind neu", sagt Herr Kurz, "und sie sind sehr bequem." "Der Tisch ist aber nicht neu?" fragt Herr Lang. "Nein, der nicht", sagt Frau Kurz. "Kommt jetzt mit, ich zeige euch unsere Küche." "Die ist aber schön groß", sagt Frau Lang, "meine Küche ist nicht so groß. Habt ihr auch eine Spülmaschine? Meine Spülmaschine ist phantastisch." "Nein, noch nicht", sagt Herr Kurz, "die kaufen wir nächstes Jahr." Dann zeigt Herr Kurz sein Arbeitszimmer: "Das hier ist mein Arbeitszimmer, es ist nicht sehr groß, aber . . . . ." "Brauchst du ein Arbeitszimmer?" fragt Herr Lang. "Na ja", sagt Herr Kurz, "ich *brauche* keins, aber ich *habe* eins." Dann zeigen Herr und Frau Kurz noch ihr Schlafzimmer und ihr Bad.
"Wie gefällt euch unsere Wohnung?" fragen Herr und Frau Kurz. "Mir gefällt sie sehr gut", sagt Frau Lang. "Mir auch", sagt Herr Lang.

Am Abend sind Herr und Frau Lang wieder zu Hause.
"Wie gefällt dir die Wohnung von Monika und Max?" fragt Herr Lang seine Frau. "Na ja", sagt Frau Lang, "sie ist nicht schlecht, aber sie haben keine Spülmaschine." "Und das Arbeitszimmer ist sehr klein", sagt Herr Lang, "und wie gefallen dir die Sessel?" "Die gefallen mir nicht", sagt Frau Lang. "Und dir?" "Mir auch nicht", sagt Herr Lang.

4 Possessivpronomen

meine haut ist nicht deine haut
dein hunger ist nicht mein hunger
sein gewehr ist nicht mein gewehr
unser hitler ist nicht mein hitler
eure schuld ist nicht meine schuld
ihre mauer ist nicht meine mauer.

1. Das Verb und die Satzergänzungen III

sein +NOM +SUB

Das ist Herr Fischer.
Das ist Madeleine.
Das ist ein Bleistift.
Das ist mein Platz.
Das ist mein Zimmer.
Das ist unsere Küche.

sein +NOM +QUAL

Das Wetter ist schlecht.
Das ist nett.
Der Platz ist frei.
Er ist enttäuscht. (*)
Alle Plätze sind besetzt. (*)
Eure Wohnung ist schön.

sein +NOM +SIT

Das Gepäck ist da oben.
Es   ist acht Uhr.
Es   ist 7 nach 8.
Sein Platz ist in Reihe 17.

helfen +NOM +DAT
gehören +NOM +DAT
gefallen +NOM +DAT

Ein Herr hilft ihr.
Der Koffer gehört mir.
Die Plätze gehören uns.
Die Wohnung gefällt uns.

suchen +NOM +AKK
fragen +NOM +AKK
nehmen +NOM +AKK
bekommen +NOM +AKK

Frau Miller sucht einen Platz.
Sie fragt einen Herrn.
Der Herr nimmt ihr Gepäck.
Herr Miller bekommt eine Karte.
Er sucht seinen Platz.

Erläuterung:

QUAL = Qualitativergänzung
 SIT = Situativergänzung
 DAT = Dativergänzung
(*) Partizip II

→ 2D2, 3D7

2. Deklination: Personalpronomen und Fragepronomen, Nominativ, Akkusativ und Dativ

	Nom.	Akk.	Dat.
Singular			
1. Person	ich	mich	mir
2. Person	du	dich	dir
	Sie	Sie	Ihnen
3. Person	er	ihn	ihm
	sie	sie	ihr
	es	es	ihm
Plural			
1. Person	wir	uns	uns
2. Person	ihr	euch	euch
3. Person	sie	sie	ihnen

	Nom.	Akk.	Dat.
	wer?	wen?	wem?
	was?	was?	

3. Personalpronomen und Possessivpronomen

PERSONAL-PRONOMEN	POSSESSIVPRONOMEN mask.		POSSESSIVPRONOMEN neutr.		POSSESSIVPRONOMEN fem.	
ich	mein – =		mein – =		mein – e	
du	dein – =		dein – =		dein – e	
Sie	Ihr – =		Ihr – =		Ihr – e	
er	sein – =		sein – =		sein – e	
sie	ihr – =	Platz	ihr – =	Buch	ihr – e	Tasche
es	sein – =		sein – =		sein – e	
wir	unser – =		unser – =		unser – e	
ihr	euer – =		euer – =		eu(e)r – e	
sie	ihr – =		ihr – =		ihr – e	
Vergleichen Sie:	ein – –	Platz	ein – –	Buch	ein – e	Tasche

4. Deklination: Possessivpronomen, Nominativ und Akkusativ Singular und Plural

Singular	mask.	neutr.	fem.	Vergleichen Sie:
Nom.	mein – – . . . ihr – – } Platz	mein – – . . . ihr – – } Buch	mein – e . . . ihr – e } Tasche	ein Platz, ein Buch, eine Tasche
Akk.	mein – en . . . ihr – en } Platz	mein – – . . . ihr – – } Buch	mein – e . . . ihr – e } Tasche	einen Platz, ein Buch, eine Tasche
Plural				
Nom.	mein – e . . . ihr – e } Plätze	mein – e . . . ihr – e } Bücher	mein – e . . . ihr – e } Taschen	– Plätze, – Bücher, – Taschen
Akk.	mein – e . . . ihr – e } Plätze	mein – e . . . ihr – e } Bücher	mein – e . . . ihr – e } Taschen	– Plätze, – Bücher, – Taschen

5. Kardinalzahlen und Ordinalzahlen

		der/die/das			der/die/das . . . . .
1	eins	1. **erst** – e	21	einundzwanzig	21. einundzwanzig – st – e
2	zwei	2. zwei – t – e	22	zweiundzwanzig	22. zweiundzwanzig – st – e
3	drei	3. dri – tt – e	. .		. .
4	vier	4. vier – t – e	30	dreißig	30. dreißig – st – e
5	fünf	5. fünf – t – e	40	vierzig	40. vierzig – st – e
6	sechs	6. sechs – t – e	50	fünfzig	50. fünfzig – st – e
7	sieben	7. sieb(en) – t – e	60	**sech**zig	60. sechzig – st – e
8	acht	8. acht – – e	70	**sieb**zig	70. siebzig – st – e
9	neun	9. neun – t – e	80	achtzig	80. achtzig – st – e
10	zehn	10. zehn – t – e	90	neunzig	90. neunzig – st – e
11	**elf**	11. elf – t – e	100	(ein)hundert	100. (ein)hundert – st – e
12	**zwölf**	12. zwölf – t – e	101	hundert(und)eins	101. hundert(und)**erst** – e
13	dreizehn	13. dreizehn – t – e	102	hundert(und)zwei	102. hundert(und)zwei – t – e
14	vierzehn	14. vierzehn – t – e	. . . .		. . . .
15	fünfzehn	15. fünfzehn – t – e	199	hundertneunundneunzig	199. hundertneunundneunzig – st – e
16	**sech**zehn	16. sechzehn – t – e	200	zweihundert	200. zweihundert – st – e
17	**sieb**zehn	17. siebzehn – t – e	300	dreihundert	300. dreihundert – st – e
18	achtzehn	18. achtzehn – t – e	. . .		. . .
19	neunzehn	19. neunzehn – t – e	700	siebenhundert	700. siebenhundert – st – e
20	**zwan**zig	20. zwanzig – st – e	. . . .		. . . .
			1000	(ein)tausend	1000. (ein)tausend – st – e
			. . . .		. . . .
			1100	(ein)tausendeinhundert elfhundert	1100. (ein)tausendeinhundert – st – e elfhundert – st – e
			1200	(ein)tausendzweihundert zwölfhundert	1200. (ein)tausendzweihundert – st – e zwölfhundert – st – e
			. . . .		. . . .
			1900	(ein)tausendneunhundert neunzehnhundert	1900. (ein)tausendneunhundert – st – e neunzehnhundert – st – e
			2000	zweitausend	2000. zweitausend – st – e
			2100	zweitausendeinhundert	2100. zweitausendeinhundert – st – e

6. Zeitpunkt und Zeitdauer

6.1. Zeitpunkt

Was (für ein Tag) ist heute? –
Heute ist Sonntag, der erste April.

Was (für einen Tag) haben wir heute? –
Heute haben wir Sonntag, den ersten April.

Wann kommt ihr? –
Wir kommen am Sonntag, dem ersten April.

Wann fährst du in Urlaub? –
Ich fahre am ersten April / nächste Woche /
in vierzehn Tagen.

Wieviel Uhr ist es? / Wie spät ist es? –
Es ist acht Uhr fünfzehn. / Es ist fünfzehn Minuten
nach acht. / Es ist Viertel nach acht.

Wann kommt ihr? –
Wir kommen um sieben Uhr fünfundvierzig. / Wir
kommen um fünfzehn Minuten vor acht. / Wir kommen
um Viertel vor acht.

Wann geht deine Maschine? –
In zwei Stunden. / In zehn Minuten.

6.2. Zeitdauer

Wie lange bleibt ihr?	– Wir bleiben eine Minute / zwei (drei, vier . . . . .) Minuten.
	Wir bleiben eine Stunde / zwei (drei, vier . . . . .) Stunden.
	Wir bleiben einen Tag / zwei (drei, vier . . . . .) Tage.
	Wir bleiben eine Woche / zwei (drei, vier . . . . .) Wochen.
	Wir bleiben ein Jahr / zwei (drei, vier . . . . .) Jahre.

Wie lange bleibt ihr? / Bis wann bleibt ihr?	– Wir bleiben bis (um) acht (Uhr).
	Wir bleiben bis morgen.
	Wir bleiben bis nächste Woche / bis zur nächsten Woche.
	Wir bleiben bis nächstes Jahr / bis zum nächsten Jahr.
	Wir bleiben bis Mittwoch.
	Wir bleiben bis September.
	Wir bleiben bis zum fünfundzwanzigsten März.
	Wir bleiben bis Samstag, dem fünfundzwanzigsten März.

Ü 1

Ergänzen Sie

Beispiel: Ich | suche / frage | Frau Boulden. / Peter. | – Ich | **suche** / **frage** | **sie.** / **ihn.** | Ich | helfe / gefalle | Nancy. / Herrn Fischer. | – Ich | **helfe** / **gefalle** | **ihr.** / **ihm.**

Aufgabe: Ich frage Madeleine. Ich . . . . . – Ich helfe Peter. Ich . . . . . – Ich suche Herrn Watanabe. Ich . . . . . – Ich gefalle Mr. Conrad. Ich . . . . . – Ich helfe Herrn Karlsson. Ich . . . . . – Ich suche Nancy. Ich . . . . . – Ich frage Teresa. Ich . . . . . – Ich helfe Mustafa. Ich . . . . . – Ich gefalle Frau Bléri. Ich . . . . . – Ich frage Frau Bauer. Ich . . . . .

Ü 2

Antworten Sie

Beispiel: Gefällt | dir / Ihnen | die Wohnung? – Die Wohnung / Sie | gefällt **mir.**

Gefällt | euch | die Wohnung? – Die Wohnung / Sie | gefällt **uns.**

Aufgabe: Gefällt dir das Buch? – Gefällt Ihnen der Koffer? – Gefällt euch das Wohnzimmer? – Gefällt Ihnen die Wohnung? – Gefällt dir das Zimmer? – Gefällt euch die Küche? – Gefällt dir die Tasche? – Gefällt euch der Dom? – Gefällt dir Madeleine? – Gefällt dir Peter?

Ü 3

Antworten Sie

Beispiel:

Suchst du | den Füller? / das Heft? / die Tasche? / die Zigaretten? | – Ja, **ich suche** | ihn. / es. / sie. / sie.

Aufgabe: Suchst du (das Buch), (den Füller), (die Zigarre), (die Zigarren), (die Landkarte), (den Koffer), (das Gepäck), (den Dom), (das Glas), (die Gläser), (das Bier), ...

Ü 4

Ergänzen Sie

Beispiel: Der Platz gehört mir / uns. – **Das ist mein / unser Platz.**
Aufgabe: Der Koffer gehört uns. – Der Füller gehört mir. – Das Heft gehört mir. – Die Wohnung gehört uns. – Das Gepäck gehört uns. – Das Zimmer gehört mir. – Die Flasche gehört mir. – Der Wein gehört uns. – Der Kaffee gehört mir. – Der Bleistift gehört mir. – . . . . .

Beispiel: Gehört das Buch dir / Ihnen / euch? – **Ist das dein / Ihr / euer Buch?**
Aufgabe: Gehört der Stuhl dir? – Gehört der Platz Ihnen? – Gehört die Wohnung euch? – Gehört das Zimmer dir? – Gehört der Wein euch? – Gehört das Gepäck Ihnen? – Gehört der Koffer dir? – Gehört die Tasche Ihnen? – Gehört der Füller dir? – Gehört die Karte Ihnen? – . . . . .

Beispiel: Die Tasche gehört ihm / ihr / ihnen. – **Das ist seine / ihre / ihre Tasche.**
Aufgabe: Das Gepäck gehört ihnen. – Der Koffer gehört ihm. – Der Platz gehört ihr. – Die Wohnung gehört ihnen. – Die Karte gehört ihm. – Das Zimmer gehört ihr. – Das Heft gehört ihr. – Der Wein gehört ihm. – Das Bier gehört ihr. – Die Flasche gehört ihnen.

Ü 5

Ergänzen Sie

Beispiel: Frau Boulden sucht . . . . . Koffer. – **Sie sucht ihren Koffer.**
Herr Miller sucht . . . . . Koffer. – **Er sucht seinen Koffer.**
Aufgabe: Madeleine sucht . . . . . Bleistift. – Peter sucht . . . . . Platz. – Mr. Conrad sucht . . . . . Füller. – Frau Bauer sucht . . . . . Platz. – Herr Watanabe sucht . . . . . Glas. – Nancy sucht . . . . . Radiergummi. – . . . . .

Beispiel: Ich suche . . . . . Tasche. – **Ich suche meine Tasche.**
Wir suchen . . . . . Gepäck. – **Wir suchen unser Gepäck.**
Aufgabe: Ich suche . . . . . Buch. – Wir suchen . . . . . Gepäck. – Ich suche . . . . . Zigarre. – Wir suchen . . . . . Platz. – Ich suche . . . . . Tasse. – Ich suche . . . . . Glas. – . . . . .

Ü 6

Antworten Sie

Beispiel: Was für ein Tag ist heute? (1. 4. 1979). – **Der erste April neunzehnhundertneunundsiebzig.**
Was für einen Tag haben wir heute? (So, 1. 4.). – **Heute haben wir Sonntag, den ersten April.**
Aufgabe: Was für ein Tag ist heute? – 25. 1. 1980; 3. 2. 1982; 13. 3. 1995; 28. 4. 1981; 31. 5. 1979; 12. 6. 1987; 20. 7. 1993; 15. 8. 1984; 17. 9. 1983; 26. 10. 1995; 11. 11. 1986; 6. 12. 1986 . . . . .
Was für einen Tag haben wir heute? – (Fr, 25. 1.); (So, 3. 2.); (Di, 13. 3.); (Mo, 28. 4.); (Do, 31. 5.); (Do, 12. 6.); (Fr, 20. 7.); (Mi, 15. 8.); (Mi, 17. 9.); (Fr, 26. 10.); (So, 11. 11.); (Sa, 6. 12.) . . . . .

Ü 7

Antworten Sie

Beispiel: Wieviel Uhr ist es? (8.15 Uhr). – **Es ist fünfzehn Minuten nach acht (Uhr). / Es ist Viertel nach acht. / Es ist acht Uhr fünfzehn.**
Aufgabe: Wieviel Uhr ist es? – (9.15 Uhr); (10.30 Uhr); (11.45 Uhr); (12.00 Uhr); (1.01 Uhr); (2.05 Uhr); (3.10 Uhr); (4.20 Uhr); (5.25 Uhr); (6.35 Uhr); (7.40 Uhr); (8.50 Uhr) . . . . .

Ü 8

Antworten Sie

Beispiel: Wann kommt ihr? (8.15 Uhr). – **Wir kommen um Viertel nach acht / um acht Uhr fünfzehn.**
Wann kommt ihr? (Fr, 25. 1.). – **Wir kommen am Freitag, dem fünfundzwanzigsten Januar.**
Aufgabe: Wann kommt ihr? – (9.30 Uhr); (10.45 Uhr); (So, 3. 2.); (Mo, 28. 4.); (11.45 Uhr); (Di, 13. 3.); (Mi, 17. 9.); (12.15 Uhr); (Do, 31. 5.); (Fr, 20. 7.); (6.15 Uhr) . . . . .

Ü 9

Antworten Sie

Beispiel: Wie lange bleibt ihr? (1 Woche). – **Wir bleiben eine Woche.**
Bis wann bleibt ihr? (14. 4.). – **Wir bleiben bis zum vierzehnten April.**

Aufgabe: Wie lange bleibt ihr? – (2 Wochen); (1 Jahr); (2 Jahre); (1 Tag); (8 Tage); (1 Stunde); (5 Minuten); . . . . .
Bis wann bleibt ihr? – (31. 12.); (1. 11.); (12. 10.); (3. 9.); (7. 8.); (17. 7.); (16. 6.); (21. 5.); (26. 4.); (18. 3.); (25. 2.); (20. 1.) . . . . .

Die "heimliche Hauptstadt" der Bundesrepublik

Die Münchner Gazette – für alte und künftige Freunde Münchens

Lernen Sie einen Münchner kennen!

Herausgegeben vom Fremdenverkehrsamt der Stadt München

Münchens meistgeliebter Bürger ist Herr Hirnbeiß, eine karikaturistische Figur; seine täglichen Taten zieren die letzte Seite einer beliebten Münchner Zeitung.

Weißwürste

Die Münchner Spezialität, als „Weißwürste" bekannt (Abbildung 1), ist eine einheimische Form von weißer Wurst – das sagt schon der Name. Die Weißwurst ist prall, schmeckt zart und sehr mild; sie besteht hauptsächlich aus Kalbfleisch, Petersilie und anderen Gewürzen, und sie wird kochendheiß in einer dampfenden Schüssel serviert – mit einer großen Portion süßem bayerischen Senf.

Abb. 1

Das Oktoberfest-Buch der Welt-Rekorde

Wieviel Bier können 5 Millionen Gäste verkonsumieren? Fast 5 Millionen Liter!

Was ist bayerischer als die Lederhose?

Ausländische Besucher glauben erst dann, daß sie das echte „Bayern" erreicht haben, wenn sie ihre erste „Lederhose" entdeckt haben.

2 Was die Deutschen trinken

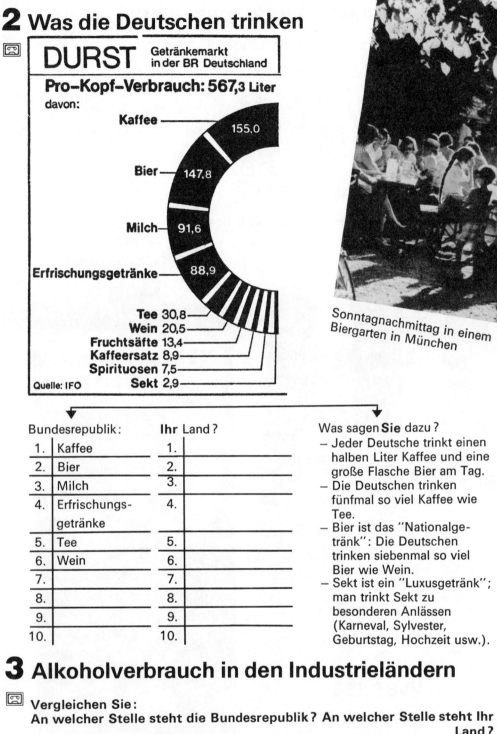

DURST Getränkemarkt in der BR Deutschland

Pro-Kopf-Verbrauch: 567,3 Liter
davon:

Kaffee	155,0
Bier	147,8
Milch	91,6
Erfrischungsgetränke	88,9
Tee	30,8
Wein	20,5
Fruchtsäfte	13,4
Kaffeersatz	8,9
Spirituosen	7,5
Sekt	2,9

Quelle: IFO

Sonntagnachmittag in einem Biergarten in München

— Gibt es in **Ihrem** Land auch Gartenrestaurants?

Ist das in Ihrem Land auch so?

Bundesrepublik:	Ihr Land?
1. Kaffee	1.
2. Bier	2.
3. Milch	3.
4. Erfrischungsgetränke	4.
5. Tee	5.
6. Wein	6.
7.	7.
8.	8.
9.	9.
10.	10.

Was sagen **Sie** dazu?
– Jeder Deutsche trinkt einen halben Liter Kaffee und eine große Flasche Bier am Tag.
– Die Deutschen trinken fünfmal so viel Kaffee wie Tee.
– Bier ist das "Nationalgetränk": Die Deutschen trinken siebenmal so viel Bier wie Wein.
– Sekt ist ein "Luxusgetränk"; man trinkt Sekt zu besonderen Anlässen (Karneval, Sylvester, Geburtstag, Hochzeit usw.).

3 Alkoholverbrauch in den Industrieländern

Vergleichen Sie:
An welcher Stelle steht die Bundesrepublik? An welcher Stelle steht Ihr Land?

Alkoholkonsum und Alkoholismus werden in den meisten Industrieländern zu einem ernsten Problem. Allein in Frankreich schätzt man die Zahl der Alkoholiker auf zwei Millionen; in der Bundesrepublik Deutschland auf 1,5 bis 1,8 Millionen.

Welche Wörter im Text sind besonders wichtig (Schlüsselwörter)?

: 2 Mill.　　: 1,5–1,9 Mill.

Alkoholverbrauch je Einwohner 1976 in Liter reinem Alkohol
(ausgewählte Länder)

Frankreich	16.5
Portugal	14.1
Spanien	14.0
Italien	12.7
BR Deutschland	12.5
Österreich	11.2
Argentinien	10.7
Ungarn	10.7
Schweiz	10.3
Belgien	10.2
CSSR	9.2
Dänemark	9.2
Irland	8.7
England	8.4
Niederlande	8.3
DDR	8.3
Polen	8.2
USA	8.1
UdSSR	6.1
Schweden	5.9

Eva und Josip gehen in eine Boutique. Josip sucht einen Pullover.

Der ist Größe 50.

Nein, leider nicht.

98 Mark. Er ist ganz weich!

Der ist hübsch!

Haben Sie den in Blau?

Was kostet der?

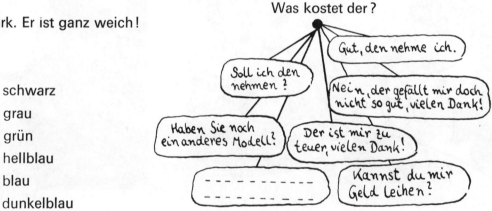

Gut, den nehme ich.

Soll ich den nehmen?

Nein, der gefällt mir doch nicht so gut, vielen Dank!

Haben Sie noch ein anderes Modell?

Der ist mir zu teuer, vielen Dank!

- - - - - - - - - -
- - - - - - - - - -

Kannst du mir Geld leihen?

Die Farben:

☐	weiß	■	schwarz
	beige		grau
	gelb		grün
	orange		hellblau
	rot		blau
	braun		dunkelblau

Krawatte 36,–
Hut 68,–
Hose 135,–
Hemd 56,–
Weste 92,–
Sakko 285,–
Mantel 198,–
Der feine Mann!

Bluse 53,–
Pullunder 72,–
Dekorateur
Rock 96,–
Der letzte Schrei!

2

①

Wie finden Sie das?

Was? Ich finde es toll!

Scheußlich!

Wirklich??

②

○ Müller ist heute phantastisch.
● Ich finde Maier noch besser.
○ Ja, da haben Sie recht.
   Aber der Schiedsrichter . . . . .
● Eine Katastrophe!
○ Wirklich!

③

Na, wie schmeckt dir das?

Die Bratwürste sind sehr gut. Aber das Sauerkraut schmeckt mir nicht.

④

○ Wie gefällt dir das Kleid?
● Welches?
○ Das da!
● Nicht so gut, etwas langweilig.
○ Hm, das finde ich nicht.
● Das da hinten gefällt mir besser.
   So?

Wie finden Sie findest du	das . . . den . . . die . . .	?	Phantastisch! Ausgezeichnet! Toll/Prima! Sehr gut! Gut.	Das finde ich nicht! So? Wirklich? Stimmt!
Wie gefällt Ihnen dir	das . . . der . . . die . . .	?	Es geht. Etwas langweilig. Komisch.	Da haben Sie recht! Das finde ich auch! Wirklich!
Wie schmeckt Ihnen dir	das . . . der . . . die . . .	?	Nicht so gut. Schlecht. Scheußlich! Eine Katastrophe!	Ganz richtig!

Was für Gepäck haben Sie?	Eine Tasche und ein Paket.
Was für eine Tasche ist das?	Eine große schwarze.
Was für ein Mantel war das?	Ein dunkelblauer, ein ganz neuer.
Was für ein Zimmer?	Ein ruhiges Zimmer, ein Einzelzimmer mit Bad.

4

○ Hier, hör mal: "Eine gutaussehende Dame,
34 Jahre alt, 1 Meter 66 groß, blonder, langhaariger Typ,
wünscht intelligenten, liebevollen Partner."
Ist das nichts für dich?

● Nochmal, was für ein Typ?

○ Ein blonder, langhaariger.

● Und was für einen Mann sucht die?

○ Einen intelligenten, liebevollen.

● Nein, nein, die paßt zu dir!
Sind da noch andere?

○ Ja, hier: "Nettes Mädchen, gutaussehend,
sucht lieben Mann."

● Ach, ich bin doch schon zu alt.

○ Du? Du bist doch erst 48!

● Ich finde Heiratsanzeigen blöd! Und du?

Eine blonde langhaarige 34jährige	Dame	wünscht	einen intelligenten liebevollen	Partner.
Ein nettes gutaussehendes	Mädchen	sucht	einen lieben netten	Mann.
Ein blonder schlanker	Typ	möchte	einen freundlichen	Herrn kennenlernen.

Ü1

Intonation

Diese Tasche ist neu.   Wie gefällt dir meine neue Tasche?

Was für eine Tasche ist das?   Eine große.   Was für eine?

Eine große, schwarze Tasche.

Ü2

Ausspracheübung

[ə ǂ ɐ]   eine alte ǂ ein alter, eine hübsche Tasche, ein hübscher Pullover, hübsche Kleider

[–ç ǂ –g–]   wenig ǂ wenige, wenig Geld, wenige Hemden

Ü3

Ausspracheübung

[i:]   lieben, spielen; prima, riesig, mir; Familie –, – Knie, Fieber
[y:]   gemütlich, für –, was für –; – Typ

[ɪ]   trinken, finden, – ist –, nicht –, wirklich, hinten
[ʏ]   fünf, fünfzig, hübsch; Müller, München, – Füller, – Küche

Ü4

Ich suche einen Pullover

○ Guten Tag! Sie wünschen, bitte?

● Ich suche einen Pullover, Größe 50.

○ Der ist Größe 50. Welche Farbe?

● Haben Sie den in Blau?

○ Nein, leider nicht. Nur in Rot.

● Was kostet der?

○ 68 Mark.

● Gut, den nehme ich.

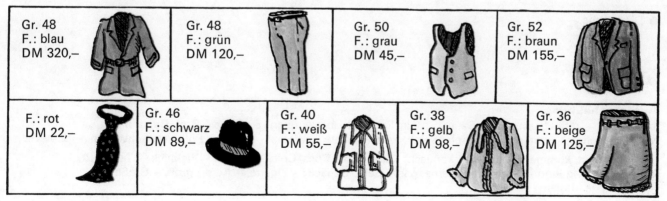

| Gr. 48 F.: blau DM 320,– | Gr. 48 F.: grün DM 120,– | Gr. 50 F.: grau DM 45,– | Gr. 52 F.: braun DM 155,– |
| F.: rot DM 22,– | Gr. 46 F.: schwarz DM 89,– | Gr. 40 F.: weiß DM 55,– | Gr. 38 F.: gelb DM 98,– | Gr. 36 F.: beige DM 125,– |

Ü 5

Wie gefällt dir das?

A ○ Wie gefällt dir
　　mein Pullover?

　● . . . . .
　　Und wie gefällt dir
　　meine Hose?

　○ . . . . .

B ○ Wie gefällt Ihnen
　　mein . . . . . ?

　● . . . . .
　　Und wie gefällt
　　Ihnen . . . . . ?

　○ . . . . .

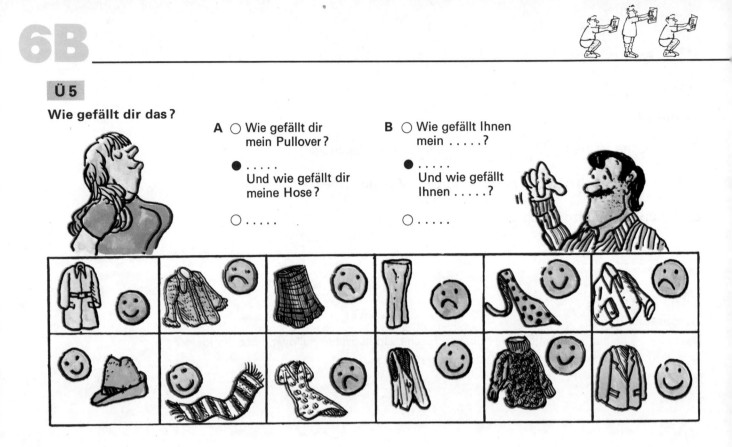

Ü 6

Was für einer war das?

○ Mein Koffer ist weg!

● Was für ein Koffer war das?

○ Ein kleiner, grauer.

▶

Ü 7

Was suchst du?

○ Was suchst du?

● Meine Tasche!

○ Welche?

● Die braune.

▶

Tonbandgerät	schwarz	hellblau
Tasche	weiß	dunkelblau
Koffer	grau	gelbgrün
Paket	rot	rot-weiß
Mantel	gelb	
Sakko	orange	neu
Hut	beige	alt
Krawatte	braun	gut
Pullover	grün	teuer
Hemd	blau	sehr schön
Bluse		ganz neu

Ü 8

Ausspracheübung

[b]　– bin –, bitte, besser, Bier, Bauer, – Bein, liebevoll, aber –, oben; Bratwurst, Brot, Brust, braun

[v]　wünschen, – waren –, wie, weh, weich, was, – Weste, – Wade, – Wurst; – Pullover; Schweden, – Schweiz

[k]　– kannst, kommen, – kostet –, komisch, Käse, Kopf; Coca-Cola, – Sakko; – Picknick, – Tag, – Rock

[g]　gehen, – gehört –, – gefällt –, gerne, ganz, Geld, Gepäck; – Zigarre, – Auge; groß, – Größe

[j]　jetzt, ja, Japan

Ü 9

Machen Sie Heiratsanzeigen!

Nettes Mädchen, 23, sucht liebevollen Partner, 25–40 Jahre alt. Zuschriften unter . . . . . an MZ.

Dame 28/33/42/55	sucht	gutaussehend
Mädchen	möchte kennenlernen	langhaarig
Herr	wünscht	blond
Mann 36/42/50/57		schwarzhaarig
Partner		nett
Typ		lieb
		liebevoll
		intelligent
		schlank

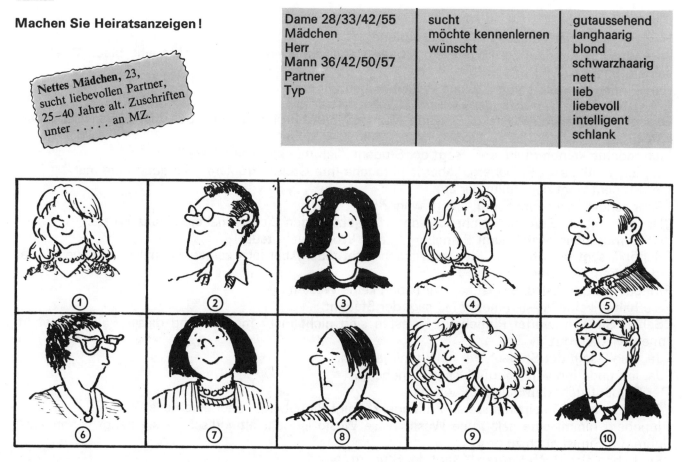

Ü 10

Was für ein Mann?

○ Was für ein Mann war denn das?
● Ein großer, schwarzhaariger mit Bart und Brille!

Weste oder Pullunder?

Herr Pinneberg ist Verkäufer in einer Boutique.
Er wartet auf Kunden. Da kommt ein junger Mann, ein Student. Der möchte eine blaue Weste zu seinem Sakko.
Herr Pinneberg weiß sofort: "Blaue Westen haben wir nicht".

Er sagt: "Eine blaue Weste....., einen Moment, bitte! Probieren Sie doch mal diesen Pullunder, bitte!"
"Ich möchte keinen Pullunder", sagt der Student, "ich möchte eine Weste."
"Ja, ich weiß", sagt Pinneberg, "aber ich brauche Ihre Größe. Probieren Sie doch bitte mal."
Der Student zieht den Pullunder an.
"Sehr schön", sagt Pinneberg, "nicht wahr?"
"Na ja", sagt der Student, "nicht schlecht. Und jetzt zeigen Sie mir mal eine blaue Weste."
"Neunundfünfzig Mark", sagt Pinneberg, "reine Wolle, nicht teuer!"
"Schön", sagt der Student, "das ist wirklich nicht teuer. Aber jetzt zeigen Sie mir eine blaue Weste. Oder haben Sie keine?"
Pinneberg sagt: "Also, das ist so: Wir haben keine Westen mehr."
"Sie haben keine Westen mehr??!" sagt der Student.
"Sehen Sie", antwortet Pinneberg, "Westen sind nicht mehr modern. Und dieser Pullunder steht Ihnen wirklich gut."
"Ja, also", sagt der Student, "er gefällt mir ja auch."
"Ja, ich finde ihn wirklich gut", sagt Pinneberg.
Der Student zieht den Pullunder wieder an.
"Oder möchten Sie einen anderen Pullunder?" fragt Pinneberg, "oder eine helle Weste?"
Pinneberg nimmt eine gelbgrüne Weste; diese Weste ist sehr altmodisch — sie hängt schon zwei Jahre da! Sie ist auch zu groß.
"Sie haben also doch Westen!" sagt der Student.
"Ja, hier", sagt Pinneberg, "ziehen Sie mal diese helle Weste an! Sie kostet nur neununddreißig Mark."
"So, nur neununddreißig", sagt der Student und zieht die Weste an.
"Ja", sagt Pinneberg, "diese Westen sind nicht teuer."
Der Student sieht scheußlich aus. Eine Katastrophe! Er zieht wieder den Pullunder an.

"Sehen Sie, mein Herr", sagt Pinneberg, "**das** ist ein Pullunder. Und gar nicht teuer."
Und dann schreibt Pinneberg den Kassenzettel. Er sagt: "Neunundfünfzig Mark. Danke schön, mein Herr!"
"Nein, **ich** danke", sagt der Student.

1. Bestimmter Artikel und Demonstrativpronomen

	ART + SUBST.	DEM. PR. + SUBST.	DEM. PR.
Singular Nom. Akk.	der Pullover den Pullover	**der** / **dieser** Pullover **den** / **diesen** Pullover	**der** / **dieser** **den** / **diesen**
Plural Nom. Akk.	die Pullover die Pullover	**die** / **diese** Pullover **die** / **diese** Pullover	**die** / **diese** **die** / **diese**
Singular Nom. Akk.	das Zimmer das Zimmer	**das** / **dieses** Zimmer **das** / **dieses** Zimmer	**das** / **dieses** **das** / **dieses**
Plural Nom. Akk.	die Zimmer die Zimmer	**die** / **diese** Zimmer **die** / **diese** Zimmer	**die** / **diese** **die** / **diese**
Singular Nom. Akk.	die Tasche die Tasche	**die** / **diese** Tasche **die** / **diese** Tasche	**die** / **diese** **die** / **diese**
Plural Nom. Akk.	die Taschen die Taschen	**die** / **diese** Taschen **die** / **diese** Taschen	**die** / **diese** **die** / **diese**

Erläuterung:

ART = Artikel
DEM. PR. = Demonstrativpronomen
SUBST = Substantiv
ADJ = Adjektiv

2. Fragewort + Substantiv

Singular	mask.	neutr.	fem.
Nom. Akk.	was für ein / welcher Mantel? was für einen / welchen Mantel?	was für ein / welches Kleid? was für ein / welches Kleid?	was für eine / welche Hose? was für eine / welche Hose?
Plural Nom. Akk.	was für – / welche Mäntel? was für – / welche Mäntel?	was für – / welche Kleider? was für – / welche Kleider?	was für – / welche Hosen? was für – / welche Hosen?

3. Adjektiv als Attribut

3.1. Bestimmter Artikel + Adjektiv + Substantiv

Singular	mask.	neutr.	fem.
Nom. Akk.	der blau – e Mantel den blau – en Mantel	das rot – e Kleid das rot – e Kleid	die schwarz – e Hose die schwarz – e Hose
Plural Nom. Akk.	die blau – en Mäntel die blau – en Mäntel	die rot – en Kleider die rot – en Kleider	die schwarz – en Hosen die schwarz – en Hosen

Genauso: Bestimmter Artikel + Adjektiv

3.2. (Unbestimmter Artikel +) Adjektiv + Substantiv

Singular	mask.	neutr.	fem.
Nom. Akk.	(ein) blau – er Mantel (einen) blau – en Mantel	(ein) rot – es Kleid (ein) rot – es Kleid	(eine) schwarz – e Hose (eine) schwarz – e Hose
Plural Nom. Akk.	– blau – e Mäntel – blau – e Mäntel	– rot – e Kleider – rot – e Kleider	– schwarz – e Hosen – schwarz – e Hosen

Genauso: Unbestimmter Artikel + Adjektiv

3.3. Possessivpronomen + Adjektiv + Substantiv

Singular	mask.			neutr.			fem.		
Nom.	mein	blau – er	Mantel	mein	rot – es	Kleid	meine	schwarz – e	Hose
Akk.	meinen	blau – en	Mantel	mein	rot – es	Kleid	meine	schwarz – e	Hose
Plural									
Nom.	meine	blau – en	Mäntel	meine	rot – en	Kleider	meine	schwarz – en	Hosen
Akk.	meine	blau – en	Mäntel	meine	rot – en	Kleider	meine	schwarz – en	Hosen

Genauso: dein –, Ihr –, sein –, ihr –, sein –, unser –, euer –, ihr –.

4. Adjektiv: attributiv — Adjektiv: prädikativ

	attributiv		prädikativ	
Das ist	der blau – e Mantel. das rot – e Kleid. die schwarz – e Hose.	der Mantel das Kleid ist die Hose	blau – – rot – – schwarz – –	
Das sind	die blau – en Mäntel. die rot – en Kleider. die schwarz – en Hosen.	die Mäntel die Kleider sind die Hosen	blau – – rot – – schwarz – –	

5. Satzmuster: variierte Satzstellung

1.	2.	3.
(a) Ich	suche	meinen Mantel.
Meinen Mantel	suche	ich.

1.	2.	3.	4.
(b) Ich	finde	den Mantel	schön.
Den Mantel	finde	ich	schön.
Schön	finde	ich	den Mantel.

Ü1

Fragen und antworten Sie

Beispiel: **Der** Pullover ist hübsch. – **Welcher?** – Na, der / dieser!
Das Kleid ist hübsch. – **Welches?** – Na, das / dieses!
Die Hose ist hübsch. – **Welche?** – Na, die / diese!

Aufgabe: ..... Hut ist phantastisch. – ..... Bild ist scheußlich. – ..... Mantel ist teuer. – ..... Tasche ist toll.
..... Bluse ist hübsch. – ..... Menü ist ausgezeichnet. – .....

Ü 2

Ergänzen Sie

Beispiel: Der Pullover ist hübsch. – **Das ist ein hübscher Pullover.**
Das Kleid ist hübsch. – **Das ist ein hübsches Kleid.**
Die Hose ist hübsch. – **Das ist eine hübsche Hose.**

Aufgabe: Der Hut ist scheußlich. – Das Bild ist phantastisch. – Die Tasche ist teuer. – Die Wohnung ist hell. – Das Zimmer ist groß. – Der Mantel ist teuer. – . . . . .

Beispiel: Die Pullover | | hübsche Pullover.
Die Kleider | sind hübsch. – **Das sind** | hübsche Kleider.
Die Hosen | | hübsche Hosen.

Aufgabe: Die Hüte sind phantastisch. – Die Zimmer sind hell. – Die Taschen sind schön. – Die Bilder sind scheußlich. – Die Mäntel sind neu. – Die Blusen sind teuer. – . . . . .

Ü 3

Ergänzen und antworten Sie

Beispiel: Wie gefällt dir mein **neuer** Hut? – **Der gefällt mir sehr gut.**
Wie gefällt dir mein **neues** Kleid? – **Das gefällt mir nicht.**
Wie gefällt dir meine **neue** Tasche? – **Die gefällt mir ganz gut.**

Aufgabe: Wie gefällt dir meine (schwarz-) Hose? – Wie gefällt dir mein (neu-) Mantel? – Wie gefällt dir meine (gelb-) Bluse? – Wie gefällt dir mein (rot-) Rock? – Wie gefällt dir mein (neu-) Pullover? – Wie gefällt dir meine (blau-) Jacke?

Beispiel: Wie findest du meinen **neuen** Hut? – **Den finde ich scheußlich.**
Wie findest du mein **neues** Kleid? – **Das finde ich phantastisch.**
Wie findest du meine **neue** Tasche? – **Die finde ich hübsch.**

Aufgabe: Wie findest du meinen (schwarz-) Mantel? – Wie findest du meine (gelb-) Hose? – Wie findest du meinen (grün-) Rock? – Wie findest du mein (rot-) Sakko? – Wie findest du meinen (blau-) Pullover? – Wie findest du meine (neu-) Jacke?

Beispiel: Wie gefallen Ihnen **die schwarzen** Mäntel? – **Die gefallen mir nicht.**

Aufgabe: Wie gefallen Ihnen die (braun-) Blusen? – Wie gefallen Ihnen die (rot-) Krawatten? – Wie gefallen Ihnen die (blau-) Sakkos? – Wie gefallen Ihnen die (weiß-) Kleider? – Wie gefallen Ihnen die (groß-) Hüte? – Wie gefallen Ihnen die (gelb-) Hosen?

Ü 4

Bilden Sie Sätze

NOMINATIV-ERGÄNZUNG	VERB	AKKUSATIV-ERGÄNZUNG	DATIVER-GÄNZUNG	QUALITATIV-ERGÄNZUNG
Das PERS. PR SUBST ART+SUBST POSS. PR+SUBST ADJ+SUBST ART+ADJ+SUBST POSS. PR+ADJ+SUBST	gefallen +NOM +DAT (+QUAL) schmecken +NOM(+DAT)(+QUAL) finden +NOM +AKK +QUAL sein +NOM +QUAL	das PERS. PR SUBST ART+SUBST POSS. PR+SUBST ADJ+SUBST ART+ADJ+SUBST POSS. PR+ADJ+SUBST	PERS. PR	ADJ

Beispiele:
Ich finde große Hüte phantastisch. – Mir gefallen blonde Männer nicht sehr gut. – Dicke Frauen sind sehr gemütlich.

1 Was die Deutschen verdienen – was sie ausgeben

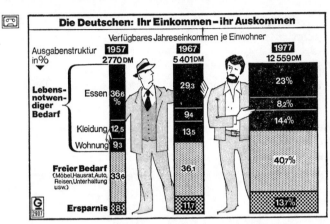

Die Deutschen: Ihr Einkommen – ihr Auskommen

Verfügbares Jahreseinkommen je Einwohner

Ausgabenstruktur in %

	1957 2770 DM	1967 5401 DM	1977 12559 DM
Lebensnotwendiger Bedarf — Essen	36,6 %	29,3	23 %
Kleidung	12,5	9,4	8,2 %
Wohnung	9,3	13,5	14,4 %
Freier Bedarf (Möbel, Hausrat, Auto, Reisen, Unterhaltung usw.)	33,6	36,1	40,7 %
Ersparnis	8	11,7	13,7 %

1977 hatte jeder erwachsene Einwohner der Bundesrepublik durchschnittlich DM 12.559. Für Essen und Trinken gaben die Bundesbürger fast ein Viertel ihres Geldes aus.

Vor 20 Jahren brauchten sie dafür noch 36,6%. Damals hatten sie nur DM 2.770 und gaben davon fast 60% für Essen, Kleidung und Wohnung aus.

Heute haben die Leute mehr Geld für den "freien Bedarf", also für nicht nötige Dinge.

1. Was ist "lebensnotwendiger Bedarf", was ist "freier Bedarf"?
2. Was ist in den letzten 20 Jahren in der Bundesrepublik teurer geworden?
3. Vergleichen Sie bitte diese Angaben mit einer Statistik aus **Ihrem** Land. Was ist gleich? Was ist anders?

2 Einkaufen

Viele kleine Geschäfte müssen zumachen. Die großen Supermärkte. Kaufhäuser und **Versandhäuser** machen das Geschäft. Sie sind oft billiger und bieten größere Auswahl.

Schick, geräumig und preiswert.
...für unterwegs genau richtig!

Qualität per Katalog!

① Diese Tasche bietet überraschend viel für den Preis:

Für den Großeinkauf oder auf Reisen ist sie ideal. 4 Rollen erleichtern die Beförderung. Aus strapazierfähigem Leinenstoff mit abwaschbarer Rückseite, Besatz Synfin. Tragegriffe in der Höhe verstellbar, 2 Vortaschen. **Farbe:** Dunkelbeige (97).

| 798/487 | ca. 51 × 38 × 20 cm | 29.90 |

② **Kurzreisekoffer** aus problemlosem, plastikkaschiertem Perlonmaterial. Mit einem besonderen Vorteil: Nach Gebrauch läßt sich der Koffer auf ca. 47 × 17 × 4 cm zusammenfalten. Praktisch die kleine Vortasche. **Farbe:** Braun (91).

| 798/436 | ca. 47 × 33 × 16 cm | 19.90 |

③ **Schultertasche** aus Polyurethan. Mit einem großen Rückfach, 1 abschließbares Hauptfach, 1 Vortasche mit 2 Reißverschlußfächern. Verstellbarer Schulterriemen mit Schulterstreifen. **Farben:** Schwarz (01), Dunkelbraun (90).

| 798/703 | ca. 27 × 29 × 18 cm | 29.90 |

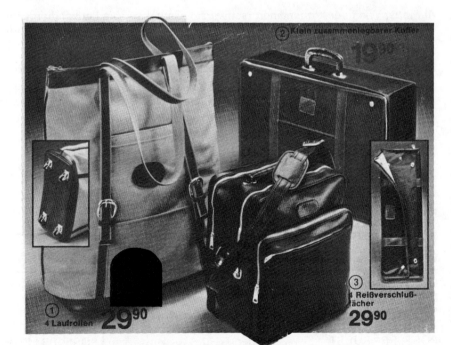

① 4 Laufrollen **29**⁹⁰ ② Klein zusammenlegbarer Koffer ③ Reißverschlußfächer **29**⁹⁰

— Was ist ein "Versandhaus"? Bitte schreiben Sie eine Bestellung!

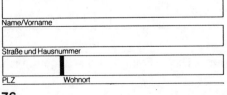

Name/Vorname
Straße und Hausnummer
PLZ   Wohnort

Artikel-Bezeichnung	Artikel-Nummer	Farb. Nr.	Größe	Menge Meter	Einzelpreis DM	Pf	Gesamtpreis DM	Pf

Solche Anzeigen finden Sie jede Woche in der Zeitung:

Heiraten weiblich

NRW

Lehrerin, 31, 1,60 m, blond, sportl.-elegant, vielseitig interessiert, u. a.: Kunst, Sprachen, Reisen und gemütl. Zuhause, möchte entsprechenden aufgeschlossenen Partner (ab 1,72 m) kennenlernen. Bildzuschriften bitte unter ZV 7652 an Red., Postfach 10 68 20

Es müßte wieder ein Mann ins Haus! Des Alleinseins müde, suche ich, 35 J., dkl., schlk., gesch. mit Sohn, einen lieben zuverlässigen Partner für ev. spätere Ehe. Bildzuschriften unter Z 657477 an Red.

Lehrerin, 45 J., gesch., herzlich, wünscht Lebenspartner. u. A. 186640 an Red.

Witwe (60), vital, dunkel, schlank, des Alleinseins müde, sucht Ehepartner bis 70 Jahre, in sicheren Verhältn., Raum München. Z 186508 an Red.

Angeblich hübsches Mädchen, 21 J., 170 cm, schlank, wünscht aufgeschlossenen, gutsituierten Herrn (25—35 J.) zwecks sp. Heirat kennenzulernen. Bitte Zuschr. mit Bild (gar. zur.) u. A 186438 an Red.

Akademikerin, 30/170, gesch., Studium in Ungarn, Amerika, Österreich und Deutschland, sucht die Bekanntschaft eines ernsthaften, weltaufgeschlossenen, charakterfesten Mannes, spät. Ehe mögl., Zuschr. unter A 117335 an Red.

Heiraten männlich

Unternehmer, Ende Dreißig

184 cm, gut aussehend, Studium, sportliche und kulturelle Ambitionen, jedoch ohne Perfektion, wünscht sich eine charmante, gebildete (Ehe-) Partnerin. Wenn Sie im Alter zwischen 20 und 32 Jahren sind und mich und meinen Text ansprechend finden, dann schreiben Sie mir bitte mit Bild (bestimmt zurück) unter Z 658810 an Red.

Akademiker, Anfang 60/170 cm/70 kg, mit viel Liebe zu den Künsten, den alten Kulturen des Mittelmeerraumes und der Natur, möchte sein weiteres Leben in Gemeinsamkeit und im Austausch der Interessen in Wärme und Güte und Verstehen für Fehler, mit einer entsprechenden Lebensgefährtin im In- oder Ausland verbringen. A 117720 an Red.

Naturwissenschaftler, Dr., 36/183, mit vielseitigen kulturellen Interessen, wünscht sich eine liebenswerte Lebenspartnerin. Bitte Bildzuschriften an Z 657782 an Red.

Beamter im höh. D., Mitte 30/179, kath., etw. Verm., Nichtraucher, sucht Ehe-Partnerin bis 28 aus guter Familie. Gesch. zweckl. Zuschr. unter A 117267 an Red.

Er, 27/173, Nichtraucher, sucht liebes Mädchen (schlank) zur Ehe. Bildzuschr. unter Z 117288 an Red.

Arzt, 50/175, kameradschaftlich, dynamisch, wünscht sich auf diesem Wege eine adäquate Partnerin und Lebensgefährtin, mit der er noch vieles Schöne gemeinsam erleben kann. Zuschr. u. Z 657119 an Red.

Attraktivität am meisten gefragt

Bielefeld (dpa)

Die äußerlich attraktive Frau ist für 31 Prozent der Männer immer noch der Idealtyp. An zweiter Stelle liegt mit 29 Prozent das gute Hausmütterchen. Dies ist das Ergebnis einer Befragung des Emnid-Instituts in Bielefeld. Die Treue wird mit 17 Prozent, die Sparsamkeit mit 14 Prozent als ideale Eigenschaft gewünscht, während sich für die intelligente und gebildete Frau nur 13 Prozent aussprachen. Für „gefühlsbetont" sprachen sich 12 Prozent und für „gepflegt" 10 Prozent aus. „Ehrlich" sowie gute Partnereigenschaften wurden mit je 9 Prozent, fleißig mit 8 Prozent, sportlich und humorvoll wurden mit je 6 Prozent auf die Wunschliste gesetzt, während Toleranz und Einfachheit von je 4 Prozent angegeben wurden. An letzter Stelle mit 2 Prozent wurde die Hilfsbereitschaft erwähnt. (Mehrfachnennungen ergeben eine Summe von mehr als 100 Prozent.)

Kontakte in Deutschland – typisch deutsch?

1. „Heiraten weiblich":

Was lesen wir über die Frauen?

2. „Heiraten männlich":

Was lesen wir über die Männer?

In Deutschland lernt man sich meist durch Freunde kennen:
— im Jugendclub oder in der Schule;
— auf einer Party;
— im Urlaub;
— am Arbeitsplatz.

Gibt es in **Ihrem** Land Heiratsanzeigen?
Wie lernt man sich in **Ihrem** Land kennen?

Das "Idealbild" der Frau 4

In der Bundesrepublik:	In Ihrem Land?	Und Sie selbst? Ihr "idealer" Partner?
1. attraktiv ⟶	1.	1. ....
2. häuslich ⟶	2.	2. ....
3. treu ⟶	3.	3. ....
4. sparsam	4.	4. ....
5. intelligent	5.	5. ....
6. gefühlsbetont	6.	6. ....
7. gepflegt	7.	7. ....
8. ehrlich / guter Partner	8.	8. ....
9. fleißig	9.	9. ....
10. sportlich / humorvoll	10.	10. ....
11. tolerant / einfach	11.	11. ....
12. hilfsbereit	12.	12. ....

5 Wie siehst du denn aus?

Eva lacht über Josip: "Wie siehst du denn aus!"

Sein Pullover gefällt ihr nicht; er ist zu klein — zu kurz und zu eng,
das sieht lächerlich aus.

Josip findet ihren Hut unmöglich, der paßt überhaupt nicht zu ihr —
ganz und gar nicht!

Aber Eva gefällt ihm sehr. Er findet sie schön, und das sagt er ihr auch.

— Was gefällt Eva nicht?
— Was gefällt Josip?
— Was gefällt ihm nicht?
— Gefällt **Ihnen** Eva?
                    Josip?
— Können **Sie** die Szene spielen

6

Andere Länder, andere Größen

**Was muß man
verstehen?**
— andere
   Konfektionsgrößen

● In England gelten andere Konfektionsgrößen als bei uns. Leider ist das immer noch nicht allgemein bekannt, und mancher Verkäufer versäumt offenbar, darauf aufmerksam zu machen. Das Deutsche Reisebüro hat für Touristen, die im Ausland Bekleidung einkaufen möchten, eine Umrechnungstabelle für Konfektions- und Schuhgrößen herausgegeben, damit solche ärgerlichen Pannen erst gar nicht vorkommen. Sie ist rechts oben auszugsweise abgedruckt.

— im Ausland
— Umrechnungs-
   tabelle

Konfektionsgrößen Damen

Deutschland Niederlande Skandinavien	Italien Spanien Frankreich	England	USA
36	38	10 (30)	10
38	40	12 (32)	12
40	42	14 (34)	14
42	44	16 (36)	16
44	46	18 (38)	18
46	48	20 (40)	20
48	50	22 (42)	22
50	52	24 (44)	24

Herrenkonfektion:

Europa − 10 = (außer England)	England/ USA
40 ⟶	30
50 ⟶	40
54 ⟶	44

● Bei Herrenkonfektionsgrößen ist der Unterschied zwischen Deutschland bzw. Europa (außer England) und England sowie USA noch bedeutender. Man muß zehn Nummern zuzählen (oder abziehen). Wer bei uns Größe 50 trägt, muß in England den Anzug in Größe 40 kaufen. Das gleiche gilt für die USA.

◀ Haben **Sie** schon mal
so etwas erlebt?
Erzählen **Sie**.

Komm, steig ein!

Ich bring dich nach Hause.

Was willst du?

Das kannst du nicht,
du bist betrunken!

Quatsch, komm, steig ein!

Hör auf! Das darfst du nicht!

Wer sagt das?

Die Polizei!

Das stimmt!
Du hast recht!
Was machen wir jetzt?

Das ist mir egal!
Ich will nach Hause!

Wir nehmen ein Taxi.
Wir gehen zu Fuß.
Ich rufe meine Frau an ...
Wir trinken weiter!
....

Ich fahre nicht mit!
Mach, was du willst!
....
Mit dir trinke ich nie wieder!
Du bist verrückt!

Komm, steig ein!	Das darfst du nicht!	Wer sagt das?
Ich bring dich nach Hause.	Das kannst du nicht!	Natürlich kann ich!
		Ich will nach Hause!
		Du hast recht!

2

ZUGAUSKUNFT

DB GRUPPENREISEN

Fahrplan—Auszug vom 28. Mai bis 30. September					
(ohne Gewähr) Gleisänderungen vorbehalten, Lautsprecheran.sage beachten					
von München Hbf nach FRANKFURT (MAIN) HBF					
und zurück Fernstreckennummer 80 / 90					

km	Fahrpreis			Tarifänderungen vorbehalten	
	Einfach			Vorzugskarte	
423	1. Klasse	85.— DM		1. Klasse	146.— DM
	2. Klasse	54.— DM		2. Klasse	92.— DM

Abfahrt dep.	Zug-Nr. train	Gleis track	Ankunft arr	Besonderheiten remarks	U = umsteigen U = change
7.10	D 714	20	12.05		
7.55	D 588	21	12.19	U Würzburg an 10.33, ab 10.40	
8.47	TEE 14	21	13.16	nur 1. Klasse, Mo bis Fr	
				U Mannheim an 12.28, ab 12.33 (IC)	
9.45	D 514	21	14.41	U Heidelberg an 13.35, ab 13.53	
10.44	IC 188	16	14.30	U Würzburg an 13.06, ab 13.12	
10.48	TEE 16	20	15.16	nur 1. Klasse	
				U Heidelberg an 14.18, ab 14.26 (D)	

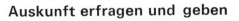

○ Ich möchte nach Frankfurt.
● Wann wollen Sie fahren?
○ Morgen früh.
● Sie können um 7.55 Uhr fahren,
dann sind Sie um 12.19 Uhr in Frankfurt.
○ Lieber etwas später!
● Um 8.47 Uhr, dann müssen Sie in
Mannheim umsteigen.
Aber das ist ein TEE,
der hat nur erster Klasse.
○ Nein, ich fahre zweiter.
● Dann um 9.45 Uhr. In Heidelberg
umsteigen.
○ Gibt es keine direkte Verbindung nach
Frankfurt?
● Doch, um 7.10 Uhr.
○ Den nehme ich! Vielen Dank!

Der Herr will nach Frankfurt.
Er will morgen früh fahren.
Er kann schon um 7.55 Uhr fahren,
aber das ist ihm zu früh.
Er kann auch um 8.47 Uhr fahren,
dann muß er in Mannheim umsteigen. Aber
das ist ein TEE, das sind besonders schnelle
Züge.
Man braucht dafür eine Fahrkarte erster Klasse.
Der Herr will zweiter Klasse fahren
und nicht umsteigen.
Er nimmt den Zug um 7.10 Uhr.
Der ist um 12.05 Uhr in Frankfurt.

Ich **möchte** nach Frankfurt.	Wann **wollen** Sie fahren?
Wann **kann** ich fahren?	Sie **können** um 7.55 Uhr fahren.
Wo **muß** ich umsteigen?	Sie **müssen** in Würzburg umsteigen.
Kann ich etwas später fahren?	Ja, Sie **können** um 8.47 Uhr fahren.
Muß ich umsteigen?	Ja, in Mannheim.
	Nein, der fährt direkt nach Frankfurt.

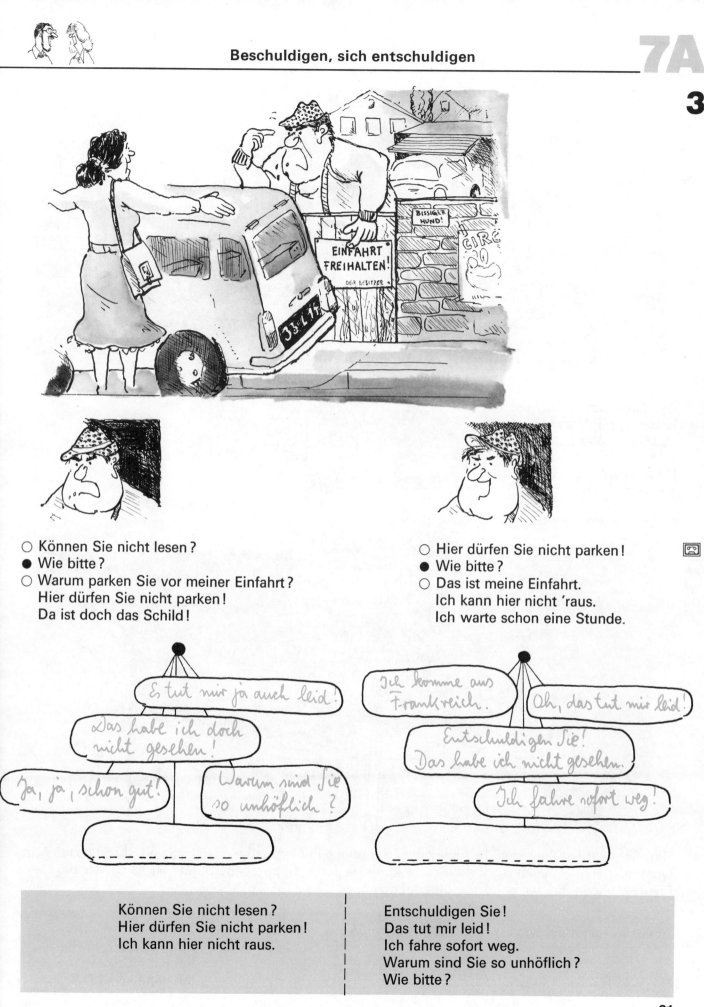

○ Können Sie nicht lesen?
● Wie bitte?
○ Warum parken Sie vor meiner Einfahrt?
Hier dürfen Sie nicht parken!
Da ist doch das Schild!

○ Hier dürfen Sie nicht parken!
● Wie bitte?
○ Das ist meine Einfahrt.
Ich kann hier nicht 'raus.
Ich warte schon eine Stunde.

Es tut mir ja auch leid!

Das habe ich doch nicht gesehen!

Ja, ja, schon gut!

Warum sind Sie so unhöflich?

Ich komme aus Frankreich.

Oh, das tut mir leid!

Entschuldigen Sie! Das habe ich nicht gesehen.

Ich fahre sofort weg!

Können Sie nicht lesen?	Entschuldigen Sie!
Hier dürfen Sie nicht parken!	Das tut mir leid!
Ich kann hier nicht raus.	Ich fahre sofort weg.
	Warum sind Sie so unhöflich?
	Wie bitte?

4

Die Stadt war mal schön.
Hier war die Altstadt.
1945 war alles kaputt.

Da rechts,
die steht noch.

Doch, die ist wieder
aufgebaut.

Wo war die Paulskirche?

War die nicht kaputt?

5

Herr Schmidt hat Freunde. Sie gehen jeden Mittwoch in ein Gasthaus und spielen Skat. Letzten Mittwoch war Herr Schmidt nicht da. Er war krank, er hatte Grippe. Aber heute ist er wieder da. Seine Freunde fragen ihn, wo er letzten Mittwoch war.

Wo war die Paulskirche? — Da rechts.		Wo warst du?	— Ich war krank.
War die nicht kaputt? — Doch!		Hattest du keine Zeit?	— Ich war weg/auf Reisen.
			Ich hatte Grippe.
			Ich hatte keine Zeit.

Ü 1

Intonation

○ Komm, steig ein!

● Was willst du?

○ Ich bring dich nach Hause.

● Das kannst du nicht! Du bist betrunken!

○ Ich möchte nach Frankfurt.

● Wann wollen Sie fahren?

○ Morgen früh.

● Sie können um sieben Uhr fünfundfünfzig fahren.

Ü 2

Deutsche Bundesbahn

Bildsymbole zu Ihrer Information

	1	2	3	4	5
A	Auskunftsbüro	Geldwechsel	Gepäckaufbewahrung	Gepäck im Schließfach	Gepäckabfertigung
B	Gepäckträger-Rufanlage und Gepäckträger-aufenthaltsraum	Postamt	Auto am Bahnhof	Bus-Haltestelle	Fahrkarten-verkaufsstellen
C	Nichtraucher	Raucher	Taxi-Haltestellen	Zollabfertigungsstellen und Zollbüros in den Bahnhöfen	Sitzplatz für Schwerbeschädigte
D	Heizungsschalter	Lüftungsschalter	Waschraum	Kein Trinkwasser	Nichts hinauswerfen
E	Bahnhofsrestaurant	Bedienung des Wasserflusses durch Fußhebel	Richtungsschild für den Weg zum Speisewagen	Rasiersteckdose	Regelschalter für Lautsprecheranlagen
F	Nicht öffnen, bevor der Zug hält	Lichtschalter	Fernsprecher und Zugfernsprecher	Behälter zur Unterbringung gebrauchter Handtücher in den Waschräumen	Behälter für Abfälle

Was sagen diese Bilder?

HIER KANN ICH	(NICHT)	. . . . .
	(KEIN)	. . . . .
HIER DARF ICH	(KEINE)	. . . . .
	(KEINEN)	. . . . .

fragen
Geld wechseln
Koffer abgeben

einen Gepäckträger rufen
Briefe einwerfen, Briefmarken kaufen
ein Auto mieten
Bus fahren
Fahrkarten kaufen

nicht rauchen
rauchen
ein Taxi nehmen
das Gepäck verzollen
den Platz freimachen (für Kranke)

die Heizung warm / kalt machen
den Ventilator einschalten / ausschalten
die Hände waschen
das Wasser nicht trinken
Flaschen hinauswerfen

etwas essen
Wasser anmachen
zum Speisewagen gehen
mich rasieren
den Lautsprecher laut / leise machen

die Tür nicht öffnen
Licht anmachen
telefonieren / anrufen
Papier wegwerfen
Flaschen / Dosen wegwerfen

Ü 3

○ Ich will nach Köln.
● Wann wollen Sie fahren?
○ Morgen nachmittag.
● Sie können den Zug um 14.30 Uhr nehmen. Dann sind Sie um 15.36 Uhr in Köln.
○ Vielen Dank

Ü 4

○ Ich will nach München.
● Wann wollen Sie fahren?
○ Morgen vormittag.
● Da können Sie um 8.30 Uhr fahren.
○ Muß ich da umsteigen?
● Ja, in Karlsruhe. Sie sind um 9.10 Uhr in Karlsruhe. Sie fahren um 9.18 Uhr weiter und sind dann um 13.35 Uhr in München.

Reiseverbindun… / Connections / Horaires des re…

Reisetag/Wochentag date / day date / jours ►		Uhr time heure
Station ▼		
Essen	ab dep	14.30
Köln	an arr	15.36
	ab dep	

Horaires des reta…

Reisetag/Wochentag date / day date / jours ►		Uhr time heure	U… ti… h…
Station ▼			
Baden-Baden	ab dep	8.30	
Karlsruhe	an arr	9.10	
"	ab dep	9.18	
München	an arr	13.35	
	ab dep		

Stuttgart	ab: 12.05	Bonn	ab: 13.35
Aalen	an: 13.10	Köln	an: 15.10
Reutlingen	ab: 14.15	Münster	ab: 15.05
Stuttgart	an: 15.46	Bremen	an: 19.10
Frankfurt:	ab: 12.50	Trier	ab: 16.20
München	an: 18.44	Koblenz	an: 18.26

Bonn	ab: 8.25	Baden-B.	ab: 8.30
Dortmund	an: 10.04	Karlsruhe	an: 9.10
Dortmund	ab: 10.15	Karlsruhe	ab: 9.25
Kassel	an: 12.44	München	an: 13.55
Köln	ab: 9.11	Stuttgart	ab: 10.05
Dortmund	an: 10.05	Heidelberg	an: 12.08
Dortmund	ab: 10.38	Heidelberg	ab: 12.26
Hannover	an: 14.22	Mainz	an: 15.04
Hamburg	ab: 8.44	München	ab: 9.36
Hannover	an: 10.15	Stuttgart	an: 11.05
Hannover	ab: 10.24	Stuttgart	ab: 11.32
Göttingen	an: 12.55	Heilbronn	an: 13.04

Ü 5

○ Ich muß morgen früh nach . . . . . Wann kann ich fahren?
● Um . . . . . Sie sind dann um . . . . . in . . . . .

Ü 6

○ Herr Bauer muß um . . . . . in . . . . . sein. Wann kann er fahren?
● Um . . . . . oder . . . . . um . . . . .

Ü 7

○ Wann wollt ihr nach . . . . . fahren?
● Morgen . . . . .
○ Da könnt ihr den Zug um . . . . . nehmen. Der ist um . . . . . in . . . . .

Ü 8

○ Herr und Frau Okahara sind in . . . . . Sie wollen nach . . . . . Welchen Zug können sie nehmen?
● Den um . . . . .

Ü 9

○ Wir müssen um . . . . . in . . . . . sein. Und ihr?
● Wir haben noch etwas Zeit. Wir können auch den Zug um . . . . . nehmen.

Abfahrt 8:00 München Hbf

Zeit	Zug-Nr.	in Richtung	T=Tunnel-bahnhof Gl.	Zeit	Zug-Nr.
✗ 8.03	☎8819	Baierbrunn 8.35	6	9.00	E 3403
8.06	D 291	„AKROPOLIS" platzkartenpflichtig und nur für Reisende nach Jugoslawien und Griechenland zugelassen Belgrad 22.46 – Skopje 7.25 – Thessaloniki 13.42 – Athen 22.12	12	9.03	D 5…
8.12	D 1281	Rosenheim 8.52 – Kufstein 9.16 – Innsbruck 10.24 – Brenner – Bozen 13.55 (– Meran) – 28. VI. bis 7. IX. – Verona (28. VI. bis 7. IX. Venedig)	18	9.04	☎
				9.06	D
8.13 Sa, †	E 3531	Holzkirchen 8.42 – Schliersee 9.07 – Bayrischzell 9.40	3		
				9.08	D
8.14 Sa, †	6669	Pasing ab 8.22 – Tutzing 8.46 – Kochel 9.28	30		
8.19	182	„HERMES" Augsburg 8.49 – Nürnberg 9.59 – Würzburg 11.01 – Bebra – Hannover (– Hamburg) – Bremen 15.51	16	9.12	E 3…
8.20	D 1481	Rosenheim 9.00 – Kufstein 9.24 – Wörgl – Innsbruck 10.35 – Brenner – Bozen 14.32 – Verona – Rimini 20.02 (– Cervia 21.10) – Riccione 20.18 – Cattolica 20.26 – Senegallia 21.08 – Ancona 21.33	11	9.12 Sa, †	
				9.17	☎
8.26	☎ 4	Geltendorf 9.08 (–Buchloe 9.47 – Füssen 11.14)	T	9.22	D
8.27	D 626	Ingolstadt 9.14 – Nürnberg 10.32 – Würzburg 11.46 – Frankfurt – Wiesbaden – Bonn – Köln – Düsseldorf – Essen – Gelsenkirchen – Dortmund 18.16	23	9.26	D
8.32	D 296	„MOSTAR-EXPRESS" Augsburg 9.10 – Ulm 10.08 – Stuttgart 11.14	15	9.29	D
8.32	☎ 6	Tutzing 9.17 (– Kochel 9.57)	T		
8.33	☎8821	Wolfratshausen 9.26	6	9.30	E 35…
8.38	☎8619	Holzkirchen 9.16	5		
				9.33	☎8…
8.41	122	„NYMPHENBURG" Würzburg 11.04 – Frankfurt – Wiesbaden – Koblenz – Bonn – Köln – Wuppertal – Dortmund Hannover 17.53	25	9.35	D

Ü 10

Was sagen die Leute?

Oh, entschuldigen Sie! Hier darf man nicht rauchen! Soll ich den nehmen? Was kostet das?

Können Sie nicht lesen? Das kann ich nicht! Hier . . . . . Wer ist das da?

Danke, mein Kind.

Hier dürfen Sie nicht campen! Da ist doch das Schild! Das ist ein Privattelefon!

Ich fahre sofort weg. Das will ich nicht! Warum sind Sie so unhöflich?

Das habe ich nicht gesehen. Das ist zuviel! Was fehlt Ihnen denn? Hier können Sie nicht telefonieren.

Danke, nicht nötig! Hier müssen Sie ruhig sein! Tut mir leid. Komm, steig ein! Wie bitte?

Ü 11

Was war hier früher?

Was ist da heute?

Ü 12

Früher ▶

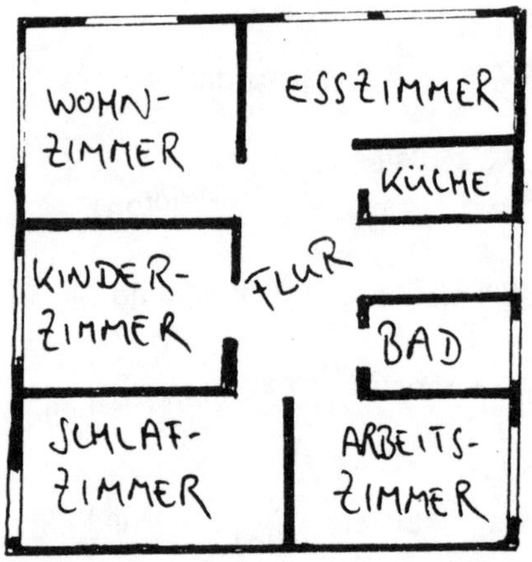

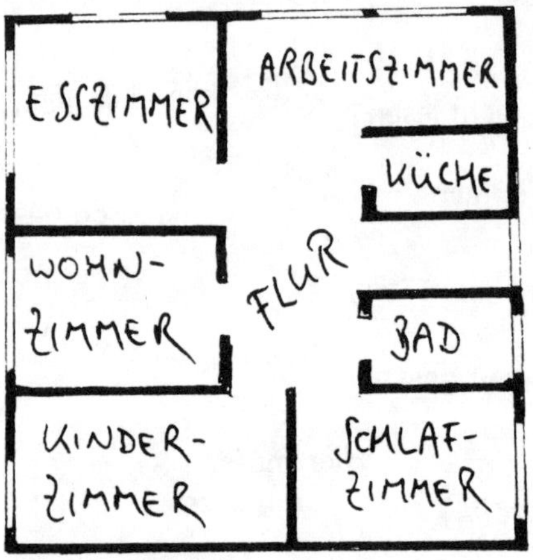

◀ **Jetzt**

(Sprechblase:) Meine Wohnung, ganz neu! Da ist jetzt das Wohnzimmer. Da war früher das Kinderzimmer.

(Sprechblase:) Toll!

Ü 13

Ausspracheübung

[rlsr] Karlsruhe;	[rtm] Dortmund;	[rtsb] Würzburg;	[lbr] Heilbronn;
[lsk] Paulskirche;	[mʃt] umsteigen;	[nst] Münster;	[nç] – Kännchen;
[ŋkf] Frankfurt;	[fg] aufgebaut;	[tv] Mittwoch;	[tsts] – Arbeitszimmer;
[tg] Stuttgart;	[str] – Katastrophe;	[sth] – Gasthaus;	[sg] ausgezeichnet;
[ʃz] Gulaschsuppe;	[kn] – Picknick		

Die Einladung und die Antwort

Die Einladung

a)
Liebe Elke,
am Freitag, dem 14. September, wollen wir den dreißigsten Geburtstag von Peter feiern. Dazu möchten wir Dich herzlich einladen. Wir wollen um sechs Uhr beginnen. Kannst Du mit der Bahn kommen? Dann können wir mehr trinken. Du kannst auch bei uns übernachten, wenn Du willst.

> Herzliche Grüße,
> Deine Eva und Peter

b)
Liebe Madeleine, lieber René,
am Freitag, dem 14. September, wollen wir den dreißigsten Geburtstag von Peter feiern. Dazu möchten wir Euch herzlich einladen. Wir wollen um sechs Uhr beginnen. Könnt Ihr mit der Bahn kommen? Dann können wir mehr trinken. Ihr könnt auch bei uns übernachten, wenn Ihr wollt.

> Herzliche Grüße,
> Eure Eva und Peter

Die Antwort

a)
Liebe Eva, lieber Peter,
herzlichen Dank für Eure Einladung. Am Freitag kann ich leider nicht kommen. Ich muß zu meinem Bruder nach Stuttgart. Seine Frau muß heute ins Krankenhaus. Deshalb muß ich ab morgen eine Woche lang die Kinder versorgen.

> Herzliche Grüße,
> Eure Elke

b)
Liebe Eva, lieber Peter,
herzlichen Dank für Eure Einladung. Schade, daß wir nicht dabeiwaren. Es war sicher ein tolles Fest. Leider sind wir erst seit heute wieder zu Hause. Wir waren vierzehn Tage in Österreich. Das Wetter war phantastisch, wir hatten fast nur Sonne.
Nun wollen wir Euch für die nächste Woche einladen. Wir können Euch dann die Bilder von unserem Urlaub zeigen und auch den Geburtstag von Peter nachfeiern. An welchem Tag könnt Ihr?

> Herzliche Grüße,
> Eure Madeleine und René

Feierabend

2

Es ist Mittwochabend. Renate will ausgehen, aber Max will nicht: Er ist müde. Er war heute schon um fünf Uhr im Büro. Er hatte den ganzen Tag viel Arbeit; außerdem hatte er Streit mit seinem Chef. Auch Renate hatte heute viel Arbeit. Aber sie war den ganzen Tag allein. Deshalb will sie jetzt spazierengehen, irgendwo gemütlich sitzen, etwas Schönes essen und trinken, vor allem aber will sie mit Max reden.

3

Der Schlüssel

Herr Veneranda steht vor einer Haustür, sieht die dunklen Fenster und pfeift.

Im dritten Stock öffnet ein Herr das Fenster und ruft: "Haben Sie keinen Schlüssel?"

"Nein, ich habe keinen Schlüssel!" ruft Herr Veneranda zurück.

"Ist die Haustür zu?" ruft der Herr am Fenster wieder.

"Ja, sie ist zu", antwortet Herr Veneranda.

"Dann werfe ich Ihnen einen Schlüssel runter", ruft der Herr am Fenster.

"Warum?" ruft Herr Veneranda zurück.

"Dann können Sie die Haustür aufmachen", antwortet der Herr am Fenster.

"Also gut", ruft Herr Veneranda, "Sie wollen, ich soll die Haustür aufmachen; dann werfen Sie mal Ihren Schlüssel runter!"

"Warum will *ich* das?" ruft der Herr am Fenster, "*Sie* wollen doch ins Haus."

"Ich? Nein! Warum denn?" ruft Herr Veneranda zurück.

"Wohnen Sie denn nicht hier?" ruft der Herr am Fenster.

"Ich? Nein! Wer sagt das?" ruft Herr Veneranda zurück.

"Und warum wollen Sie dann den Schlüssel?" schreit der Herr am Fenster.

"Sie wollen doch, ich soll die Tür aufmachen", schreit Herr Veneranda zurück, "dann brauche ich doch einen Schlüssel!"

"Ich will das doch gar nicht!" schreit der Herr am Fenster.

Da öffnet ein Herr im ersten Stock das Fenster.

"Was soll denn dieses Schreien?" schreit er, "Man kann ja nicht schlafen!"

"Wir müssen schreien", schreit Herr Veneranda, "sonst verstehen wir uns nicht, ich und der Herr da oben im dritten Stock."

"Aber was will der Herr im dritten Stock denn?" schreit der Herr im ersten Stock.

"Das weiß ich auch nicht", schreit Herr Veneranda, "Erst will er mir einen Schlüssel runterwerfen, ich soll die Haustür aufmachen; dann will er, ich soll die Haustür doch nicht aufmachen. Fragen *Sie* ihn doch mal! Auf Wiedersehen!"

Und Herr Veneranda geht.

1. Modalverben: Präsens, Singular und Plural

Infinitiv:		müssen	können	dürfen	wollen	sollen	-en
Singular							
1. Person	ich	muß – –	kann – –	darf – –	will – –	soll – –	–
2. Person	du	muß – t	kann – st	darf – st	will – st	soll – st	-st
	Sie	müss – en	könn – en	dürf – en	woll – en	soll – en	-en
3. Person	er/sie/es	muß – –	kann – –	darf – –	will – –	soll – –	–
Plural							
1. Person	wir	müss – en	könn – en	dürf – en	woll – en	soll – en	-en
2. Person	ihr	müß – t	könn – t	dürf – t	woll – t	soll – t	-t
3. Person	sie	müss – en	könn – en	dürf – en	woll – en	soll – en	-en

⟶ 3D1

2. Modalverb, Verb und Satzergänzungen IV

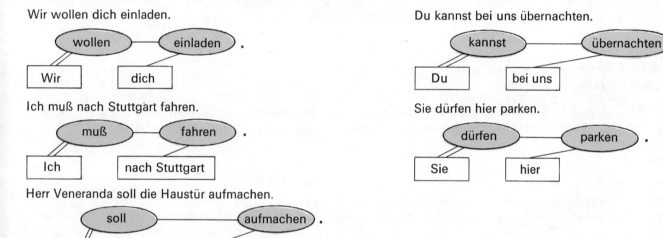

Wir wollen dich einladen.

wollen — einladen .
Wir | dich

Ich muß nach Stuttgart fahren.

muß — fahren .
Ich | nach Stuttgart

Herr Veneranda soll die Haustür aufmachen.

soll — aufmachen .
Herr Veneranda | die Haustür

Du kannst bei uns übernachten.

kannst — übernachten .
Du | bei uns

Sie dürfen hier parken.

dürfen — parken .
Sie | hier

3. Modalverben: Satzrahmen

Aussagesatz:

Ich will nach Paris fahren.
Ich darf kein Bier trinken.
Wir müssen nach Hause gehen.
Wir können nichts sehen.

Wortfrage:

Wer will nach Paris fahren?
Wer darf kein Bier trinken?
Wer muß nach Hause gehen?
Wer kann nichts sehen?

Satzfrage:

Willst du nach Paris fahren?
Darfst du kein Bier trinken?
Müßt ihr nach Hause gehen?
Könnt ihr nichts sehen?

4. Konjugation: Präteritum von "sein" und "haben"

Infinitiv:		sein		haben	-en
Singular:					
1. Person	ich	war – –	–	ha – **tt** – e	-e
2. Person	du	war – st	-st	ha – **tt** – est	-est
	Sie	war – en	-en	ha – **tt** – en	-en
3. Person	er/sie/es	war – –	–	ha – **tt** – e	-e
Plural:					
1. Person	wir	war – en	-en	ha – **tt** – en	-en
2. Person	ihr	war – t	-t	ha – **tt** – et	-et
3. Person	sie	war – en	-en	ha – **tt** – en	-en

Ü1

Fragen Sie

Beispiel: **Darf** er mitkommen?
Dürfen sie mitkommen?

Aufgabe: ..... er dir helfen? – ..... sie mitfahren? – ..... sie einsteigen? – ..... er dich fragen? – ..... er dich anrufen? – ..... hier parken? .....

Beispiel: **Willst** du Bier trinken?
Wollt ihr Bier trinken?

Aufgabe: ..... du mitfahren? – ..... du ihm helfen? – ..... ihr nach München fahren? – ..... du Würstchen und Sauerkraut essen? – ..... ihr Kaffee trinken? – ..... ihr nach Hause fahren? – .....

Beispiel: Ich muß jetzt nach Hause gehen. – **Was mußt du?**
Wir müssen jetzt nach Hause gehen. – **Was müßt ihr?**

Aufgabe: Ich muß morgen nach Hamburg fahren. – Wir müssen jetzt aufhören. – Wir müssen in Frankfurt umsteigen. – Ich muß heute Sprudel trinken. – Ich muß etwas essen. – Ich muß um zehn Uhr in München sein. – .....

Beispiel: Du sollst mir helfen. **Kannst du das?**
Ihr sollt uns helfen. **Könnt ihr das?**

Aufgabe: Du sollst morgen kommen. – Ihr sollt deutsch sprechen. – Du sollst mich anrufen. – Ihr sollt Zug fahren. – Du sollst mir antworten. – Ihr sollt um acht Uhr hier sein. – .....

Ü2

Bilden Sie Sätze

Beispiel: Ich **fahre** nach Berlin.
Ich **will** nach Berlin **fahren.**

Aufgabe: nach Berlin fahren; Pommes Frites essen; Bier trinken; dir schreiben; mitkommen; einen großen Hut kaufen; euch helfen; unseren Lehrer fragen; hier parken; ins Kino gehen; in einer Stunde kommen.

Ü3

Fragen Sie

Beispiel: Ich will mitfahren. – **Was wollen Sie?**

Aufgabe: Ich will weitertrinken. – Ich muß aufhören. – Ich soll mitkommen. – Ich will einsteigen. – Ich muß umsteigen. – Ich soll anrufen. – .....

Ü4

Antworten Sie

Beispiel: Darf ich mitfahren? – **Das darfst du nicht. Das dürfen Sie nicht.**

Aufgabe: Darf ich dich anrufen? – Darf ich dir helfen? – Darf ich Zug fahren? – Darf ich Wein trinken? – Darf ich jetzt aufhören? – Darf ich hier parken? – .....

Ü5

Antworten Sie

Beispiel: Komm mit! – **Ich kann nicht mitkommen.**
Aufgabe: Hör auf! – Ruf an! – Steig ein! – Komm mit! – Trink weiter! – Fahr mit! – .....

Ü6

Antworten Sie

Beispiel: Wo warst du? – **Ich war in Berlin.**
Wo waren Sie? – **Ich war in Berlin.**
Wo wart ihr? – **Wir waren in Berlin.**

Aufgabe: Wo wart ihr? (in München). – Wo warst du? (in Paris). – Wo waren Sie? (zu Hause). – Wo warst du? (in England). – Wo waren Sie? (in Nigeria). – Wo wart ihr? (hier). – .....

Ü7

Ergänzen und fragen Sie

Beispiel: Ich hatte **ein (Glas) Bier und eine Bratwurst.** – **Was hatten Sie?**
Wir hatten **Grippe.** – **Was hattet ihr?**
Er hatte **einen Koffer.** – **Was hatte er?**

Aufgabe: Ich hatte ..... – Wir hatten ..... – Er hatte ..... – Wir hatten ..... – Sie hatte ..... – Sie hatten ..... – Ich hatte ..... – .....

Jedes Jahr dieselben Verkehrsprobleme!

1

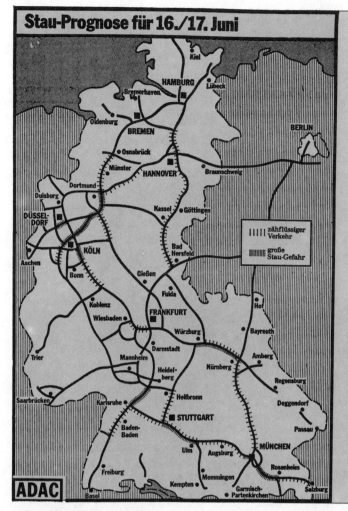

Stau-Prognose für 16./17. Juni

| zähflüssiger Verkehr |
| große Stau-Gefahr |

ADAC

Mit starken Behinderungen

ist am Wochenende vor allem auf den Autobahnen in Baden-Württemberg (dort beginnen heute die Ferien), in Bayern und im Raum Köln zu rechnen. Diese graphische Übersicht zeigt die vom ADAC veröffentlichten „Stau-Strecken".

Auf der Fahrt in den Süden ist es ratsam, schon am Freitagnachmittag in diesen Staugebieten auf Nebenwege auszuweichen.

Wer in Ruhe seinen Urlaub beginnen will, sollte demnach am Dienstag oder Mittwoch starten.

Wenn zu viele Autos auf den Straßen sind, gibt es „Staus" und „Behinderungen"; d. h. man muß oft langsam fahren oder warten.

– Warum gibt es am 16.-17. Juni Staus?

– Zwischen welchen Städten gibt es Verkehrsprobleme?

– Was ist ratsam? Was soll man tun?

– Wann kann man besser in den Urlaub fahren?

– Wann und wo gibt es in Ihrem Land Verkehrsprobleme?

Gehen Sie bei Rot über die Straße?

2

JDIOT!

56% gehen ──────→

34% warten ──────→

10%? ──────→

Frauen – Männer ──→

Junge Leute ──────→

Jeder zweite Fußgänger geht auch bei Rot über die Straße.

ALLENSBACH, 16. März (dpa).

Was tun Sie, wenn Sie nachts eine leere Straße überqueren wollen, aber die Ampel zeigt Rot? Das Institut für Demoskopie Allensbach berichtet: 56 % der Fußgänger (über 16 Jahre) gehen in einer solchen Situation auch bei Rot über die Straße. 34 Prozent sagen, daß sie auch nachts an einer leeren Straße die rote Ampel beachten und warten. 10 Prozent antworten nicht eindeutig. Frauen beachten eine rote Ampel stärker als Männer. Am wenigsten achten Fußgänger unter 30 Jahren auf das Rotlicht. Drei von vier der befragten jungen Leute sagen, daß sie auch bei Rot über die Straße gehen.

3 Im Bundesgebiet die meisten Kinderunfälle

Reuter, München

Die Bundesrepublik Deutschland hat die höchste Rate bei Kinderunfällen. Von 100 000 Kindern verunglücken 348, ermittelte die Aktion „Das sichere Haus" in München. In Schweden sind es nur 68 Kinder von 100 000. Die Bundesrepublik führt auch die Statistik der Unfallsterblichkeit an. Während in Schweden elf, in Großbritannien 13, in Italien 16 und in der DDR 17 von 100 000 Kindern bei Unfällen ums Leben kommen, sind es im Bundesgebiet 22. Eine höhere Unfallsterblichkeit haben nur Island mit 26, Portugal mit 27 und Finnland mit 28.

Die DSH appellierte deshalb an alle Eltern, mehr Sicherheitsbewußtsein bei ihren Kindern zu wecken.

Unfälle:

Bundesrepublik:
348 von 100.000 Kindern
Schweden:
68 von 100.000

Tod bei Unfall:

Schweden: 11
   von 100.000
Großbritannien: 13
Italien: 16
DDR: 17
Bundesrepublik: 22
Island: 26
Portugal: 27
Finnland: 28

Und wie ist es in **Ihrem** Land?

4 Recht im Alltag

1. Der Verkäufer (das Geschäft) muß eine neue Ware zurücknehmen und das Geld bar zurückgeben, wenn die Ware einen Fehler hat.

ODER

2. Der Verkäufer muß dem Kunden (Käufer) einen Preisnachlaß (Rabatt) geben, wenn der Kunde die fehlerhafte Ware behalten will.

ODER

3. Der Verkäufer muß dem Kunden eine neue Ware geben, wenn die zuerst gekaufte neue Ware einen Fehler hat. Der Kunde muß dann die erste Ware zurückgeben.

ODER

4. Das Geschäft muß die neue Ware kostenlos reparieren, wenn der Kunde damit einverstanden ist.

Die Garantiezeit für eine Ware beträgt mit oder ohne Garantieschein immer 6 Monate.

LESEN SIE BITTE UND SPIELEN SIE DIE SZENE!

Drei Berufe – Vergleichen Sie bitte die Ausbildungsgänge:

Grundschule,
Gymnasium,
Universitätsstudium

Grundschule,
Realschule, Fachoberschule,
Fachhochschule

Grundschule,
Hauptschule,
Lehre + Berufsschule

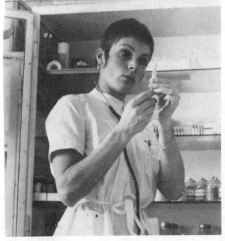

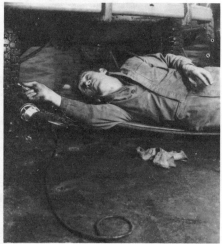

ÄRZTIN   **ELEKTRO-INGENIEUR (grad.)**   **KFZ-MECHANIKER**

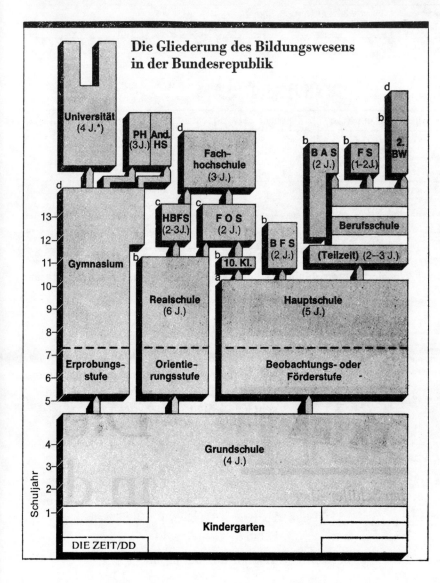

Die Gliederung des Bildungswesens in der Bundesrepublik

Universität (4 J.*)

PH (3 J.) | And. HS | d

Fach- hochschule (3 J.)

b | BAS (2 J.) | b | FS (1–2 J.) | 2. BW | d | b

d

13 — | c | HBFS (2–3 J.) | c | FOS (2 J.) | b | Berufsschule

12 — | BFS (2 J.) | b

11 — Gymnasium | b | 10. Kl. | (Teilzeit) (2–3 J.)

10 — | a

9 — | Realschule (6 J.) | Hauptschule (5 J.)

8 —

7 — Erprobungs- stufe | Orientie- rungsstufe | Beobachtungs- oder Förderstufe

6 —

5 —

4 —

3 — Grundschule (4 J.)

2 —

1 —

Schuljahr

Kindergarten

DIE ZEIT/DD

Abschlüsse:
a = Hauptschulabschluß
b = Mittlerer Abschluß
c = Fachhochschulreife
d = Hochschulreife

Schulformen:
FOS = Fachoberschule
(H)BFS = (Höhere) Berufsfach-
schule
FS = Fachschule
BAS = Berufsaufbauschule
2. BW = 2. Bildungsweg
PH = Pädagogische Hochschulen
And. HS = Andere Hochschulen

— Welche Schulen gibt es in **Ihrem** Land?
— Kann man das Schulsystem in **Ihrem** Land mit dem Schulsystem der Bundesrepublik vergleichen?
— Welches Schulsystem finden **Sie** besser? Warum?

2 Drei Schultypen

HS

Hauptschule Kl. 9			STUNDENPLAN			
Zeit	Montag	Dienstag	Mittwoch	Donnerstag	Freitag	Samstag
8.00- 8.45	Mathematik	Biologie	Sport	Werken (Jungen)	Englisch	Arbeitsge-
8.45- 9.30	Mathematik	Biologie	Sport	Werken (Jungen)	Englisch	meinschaft[2]
9.45-10.30	Religion	Geschichte	Deutsch		Sozialkunde	Physik/Chemie
10.30-11.15	Erdkunde	Deutsch	Sozialkunde	Hauswirt-	Sozialkunde	Physik/Chemie
11.30-12.15	Wahl-Pflicht-	Sozialkunde	Mathematik	schaft	Mathematik	
12.15-13.00	Kurs [1]	Sozialkunde	Englisch	(Mädchen)	Deutsch	

[1] Musik/Kunst oder Physik/Chemie
[2] Fotoarbeit oder Sport oder Kochen

RS

Realschule Kl. 9			STUNDENPLAN			
Zeit	Montag	Dienstag	Mittwoch	Donnerstag	Freitag	Samstag
7.55- 8.40	Deutsch	Deutsch	Französisch	Englisch	Maschinenschr.	Deutsch
8.45- 9.30	Französisch	Englisch	Englisch	Mathematik	Französisch	Physik
9.45-10.30	Englisch	Geschichte	Mathematik	Gemeinschaftsk.	Deutsch	Biologie
10.35-11.20	Mathematik	Sport (Mädchen)	Mathematik	Hauswirt-	Stenographie[1]	Physik
11.30-12.10	Kunst	Werken (Jungen)	Textil (Mädchen)	schaft (Mädchen)	Geschichte	Erdkunde
12.10-12.50	Kunst	Biologie	Sport (Jungen)		Erdkunde	

[1] wahlfrei

Gym

Gymnasium Kl. 9			STUNDENPLAN			
Zeit	Montag	Dienstag	Mittwoch	Donnerstag	Freitag	Samstag
8.00- 8.45	Geschichte	Englisch	Latein[1]	Englisch	Geschichte	Mathematik
8.55- 9.40	Deutsch	Deutsch	Latein[1]	Mathematik	Englisch	Latein[1]
9.45-10.30	Englisch	Latein[1]	Physik	Deutsch	Sozialkunde	Physik
10.45-11.30	Mathematik	Mathematik	Kunst	Deutsch	Biologie	Chemie
11.35-12.20	Sport	Erdkunde	Kunst	Chemie	Religion	Musik
12.30-13.15	Sport	Religion				

[1] oder Französisch

— Vergleichen Sie bitte diese Stundenpläne! Wo sind Unterschiede? Welche Fächer sind in der Hauptschule am wichtigsten? Welche im Gymnasium?
— Vergleichen Sie bitte mit **Ihrem** Land!

NACH DER SCHULE – WAS NUN?
Schulabgänger 1976 insgesamt: 797 000 (geschätzt)
davon:

132 000 → Abiturienten
191 000 → Realschüler *
Hauptschüler mit Abschluß 344 000
82 000 → Hauptschüler ohne Abschluß
48 000 → Sonderschüler

* bzw Gymnasiasten mit mittlerer Reife

1. Nur wer Abitur hat, kann studieren. Fast alle Hauptschüler und viele Realschüler lernen einen Handwerksberuf. Hauptschüler ohne Abschluß und Sonderschüler haben sehr schlechte Berufschancen.

2. Das Schulsystem in der Bundesrepublik wirkt sehr früh selektiv (mit 10 Jahren: Gym, RS oder HS).

3. In einigen Bundesländern erprobt man die Gesamtschule: Alle Kinder gehen bis zum 15. bzw. 16. Lebensjahr in dieselbe Schule.

— **Wie ist das bei Ihnen?**

Studieren in Deutschland

DIE STUDENTEN IN DER BUNDESREPUBLIK DEUTSCHLAND

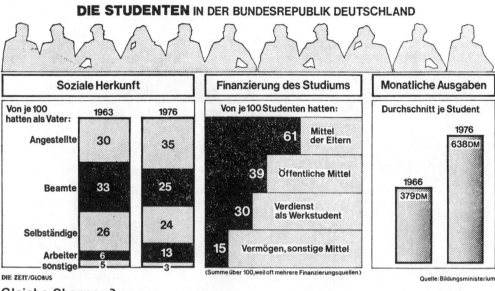

Soziale Herkunft			Finanzierung des Studiums	Monatliche Ausgaben

Von je 100 hatten als Vater:

	1963	1976
Angestellte	30	35
Beamte	33	25
Selbständige	26	24
Arbeiter	6	13
sonstige	5	3

DIE ZEIT/GLOBUS

Von je 100 Studenten hatten:

61	Mittel der Eltern
39	Öffentliche Mittel
30	Verdienst als Werkstudent
15	Vermögen, sonstige Mittel

(Summe über 100, weil oft mehrere Finanzierungsquellen)

Durchschnitt je Student

1966 379 DM
1976 638 DM

Quelle: Bildungsministerium

Gleiche Chancen?

1963 waren 6% der Studenten Arbeiterkinder. 1976 waren es 13%. Aber immer noch kommen 3 von 5 Studenten aus Beamten- und Angestelltenfamilien.

30 von 100 Studenten müssen zusätzlich arbeiten.

Ausbildung in Industrie und Handel

4

Fast jeder zweite Jugendliche lernt einen Beruf in Industrie- und Handwerksbetrieben oder im Handel (1978 waren es 643.880 von 1.400.000 Auszubildenden).

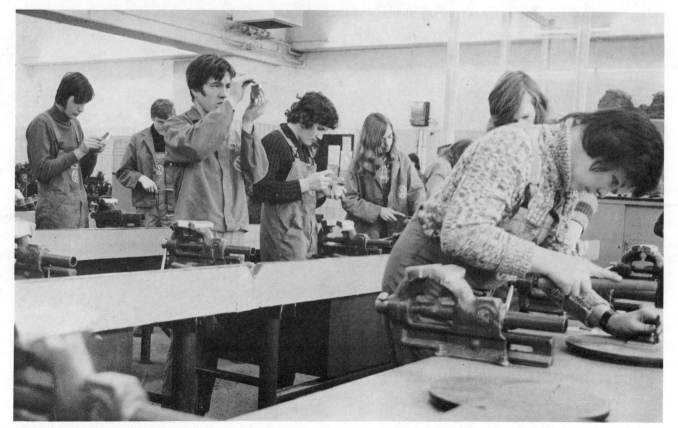

5 Wolfgang Planck bewirbt sich um eine neue Stelle:

L E B E N S L A U F

Angaben zur Person: Wolfgang Planck
                       Brantropstr. 66, 4630 Bochum
                       Tel.: 0234/70 21 47

Geboren: 29. Sept. 1949 in Düsseldorf

Staatsangehörigkeit: deutsch

Familienstand: verheiratet, 1 Kind

Religion: römisch-katholisch

Eltern: Josef Planck, Andrea Planck, geb. Silbernagel

Schulbildung: 1955 - 1959 Grundschule Düsseldorf-Bilk
                       1959 - 1965 Heinrich-Heine-Gymnasium, Düsseldorf

Abschluß: Mittlere Reife

Berufsausbildung: 1965 - 1968 Schreinerlehre bei der Fa. Wilh.
                       Schäfer & Co, KG
                       Während der Lehrzeit Kurs für Tech-
                       nisches Zeichnen an der VHS Düsseldorf

Abschluß: Gesellenprüfung

                       1968 - 1969 (März bis Oktober)
                       Zivildienst in der Universitätsklinik,
                       Düsseldorf

                       1969 - 1971 (Nov. bis März)
                       Bauzeichner im Architekturbüro Raumer
                       Gleichzeitig Besuch der Abendschule

Abschluß: Jan. 1971   Techniker

                       1971 - 1974 Studium an der Ingenieurschule für
                       Bauwesen in Münster, Fachrichtung
                       Architektur

Abschluß: April 1974   Ingenieur grad.
                       seit Mai 1974 angestellt als Ingenieur im Amt für
                       Stadtentwicklung und Stadtplanung
                       in Bochum

— Schreiben Sie Ihren Lebenslauf!

Viel gelernt – wenig gelernt – nichts gelernt **6**

Warum gehst du in die Fabrik? Weil ich keine Ausbildung habe! Warum hast du keine Ausbildung? Weil mein Vater in die Fabrik geht! Warum geht dein Vater...

Was der Nachwuchs lernt
Zahl der Lehrlinge Anfang 1977

JUNGEN 841 600	MÄDCHEN 474 900

darunter / darunter

Kfz–Mechaniker 77 400	80 100 Verkäuferin
Elektriker 76 000	53 000 Friseuse
Maschinenschlosser 41 700	51 400 Bürogehilfin
Tischler 28 300	32 800 Arzthelferin
Maler 27 100	27 700 Industriekaufmann
Großhandelskaufmann 26 100	24 700 Zahnarzthelferin
Werkzeugmacher 25 700	19 700 Rechtsanwaltsgehilfin
Klempner 24 900	18 800 Bankkaufmann
Industriekaufm. 21 900	17 200 Einzelhandelskaufmann
Maurer 20 900	15 900 Großhandelskaufmann
Fleischer 18 500	13 300 Steuerberatergehilfin
Bäcker 17 700	11 600 Hauswirtschaftsgehilfin
Landwirt 17 500	10 800 Angestellte im öffentl. Dienst
Bauschlosser 17 100	10 200 Apothekenhelferin
Bankkaufmann 16 400	9 100 Näherin

In der Bundesrepublik Deutschland gibt es 500 verschiedene Lehrberufe (Ausbildungsberufe). Die Ausbildung dauert 2—3,5 Jahre. 1977 haben sich rund 55% der Jungen und rund 80% der Mädchen für nur 15 der etwa 500 Lehrberufe entschieden.
An der Spitze liegen Kraftfahrzeugmechaniker (Automechaniker) und Verkäuferinnen.

—Wie ist das in Ihrem Land?

Berufe und ihr Prestige – der Arzt und der Professor immer "oben"? **7**

Umfrage in 60 Ländern:	Umfrage in der Bundesrepublik:	Wie ist das in Ihrem Land?	bei Ihnen selbst?
1. Professor	1. Arzt	1.	1. . . . .
2. Arzt	2. Pfarrer	2.	2. . . . .
3. Rechtsanwalt	3. Professor	3.	3. . . . .
4. Zahnarzt	4. Rechtsanwalt	4.	4. . . . .
5. Großunternehmer	5. Atomphysiker	5.	5. . . . .
6. Leitender Angestellter	6. Diplomat	6.	6. . . . .
7. Studienrat	7. Apotheker	7.	7. . . . .
8. Tierarzt	8. Ingenieur	8.	8. . . . .
9. Journalist	9. Volksschullehrer / Studienrat	9.	9. . . . .
10. Krankenschwester	10. Politiker / Unternehmer	10.	10. . . . .
11. Soldat	11. Fabrikdirektor	11.	11. . . . .
12. Grundstücksmakler	12. Soldat	12.	12. . . . .

(Allensbach, 1975)

1

Da oben!
Ihr müßt hier die
Hauptstraße ent-
langgehen.
Und dann die
2. Straße rechts.
Ungefähr 200 Meter,
da ist das Rathaus,
auf der linken
Seite.

Wo ist das
Rathaus?

①
○ Guten Tag, wo ist bitte das Einwohnermeldeamt?
● Geradeaus, ganz hinten, fünfte Tür links, Nummer 7.
○ Vielen Dank!

②
○ Bitte, wo ist das Ausländeramt?
● Eine Treppe höher, im ersten Stock, dritte Tür rechts, Nummer 103.

③
○ Ich brauche einen Reisepaß; wo bekomme ich den?
● Gleich hier vorne, die zweite Tür.
○ Danke schön!

④
○ Ich möchte ein Auto anmelden. Wo ist die Zulassungsstelle?
● Im zweiten Stock, erste Tür links, Nummer 201.
○ O. K., danke!

⑤
○ Hallo!
  Was wollt ihr denn hier?
○ Das siehst du doch, wir wollen heiraten! Wo ist das Standesamt?
● Das Standesamt ist im dritten Stock. Aber . . .
○ Danke!

Wo ist (bitte) . . . . . ?	Die Hauptstraße entlang.
	Geradeaus, dann die zweite Straße rechts.
Wo bekomme ich . . . . . ?	Eine Treppe höher, im ersten Stock.
	Die erste Tür links/rechts.
	Im zweiten Stock, Zimmer Nr. 201.
	Da oben. / Gleich hier vorne.

Wo liegt der Fotoapparat?	Auf dem Regal?	Nein, da ist er nicht!
	Hinter dem Blumentopf?	
	Neben dem Plattenspieler?	
	In der Schublade?	Ja, da ist er!
	Zwischen den Büchern?	
	Unter dem Sofa?	
	Vor der Vase?	

3

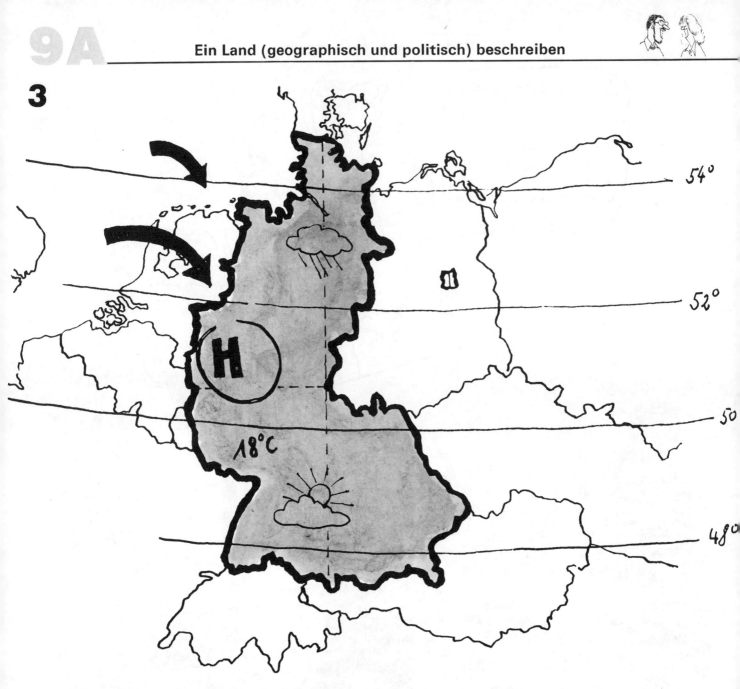

Die Bundesrepublik Deutschland ist.....

..... ein Land, das zwischen dem 47. und 55. nördlichen Breitengrad liegt;

..... ein Land, das gemäßigtes Klima hat (im Sommer 16—20° C, im Winter +1° C — –3° C);

..... ein Land, das mitten in Europa liegt und 9 Nachbarn hat;

..... ein Land, das 800 km lang und in der Mitte nur 250 km breit ist;

..... ein Land, das 61,5 Millionen Einwohner hat;

..... eine Republik, die eine demokratische Verfassung hat;

..... ein Bundesstaat, der 10 Bundesländer hat (damit eng verbunden ist Berlin (West));

..... ein Staat, der eine Bundesregierung und 10 Landesregierungen hat (in Berlin (West) regiert der Berliner Senat).

.....und Ihr Land?

Bitte, machen Sie mit!
Sie sollen eine Figur zeichnen,
bemalen, ausschneiden und
zusammenfalten.

Nehmen Sie bitte ein Stück Pappe:

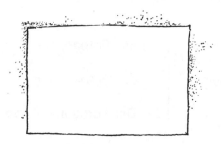

Zeichnen Sie vier Quadrate (Seitenlänge 3 cm)
mitten auf diese Pappe.
Die Quadrate sollen in einer Linie von
links nach rechts nebeneinander liegen.

Zeichnen Sie je ein Quadrat über und unter
das dritte Quadrat von links.
Malen Sie auf diese beiden Quadrate
einen blauen Kreis.

Malen Sie auf das erste und dritte Quadrat
von links einen roten Kreis,
und auf das zweite und vierte Quadrat
einen grünen Kreis.

Jetzt schneiden Sie bitte die ganze Figur
aus und machen daraus einen Körper.
Die bunten Kreise sollen nach außen zeigen.

Wenn die blauen, roten und grünen Kreise
auf den gegenüberliegenden Flächen sind,
dann haben Sie die Aufgabe richtig gelöst.

Ü1

Intonation

ein Plattenspieler	der Fotoapparat!
auf dem Plattenspieler	der Fotoapparat?
er liegt auf dem Plattenspieler	Der Fotoapparat liegt auf dem Plattenspieler.

Ü2

Wo ist bitte das .....amt?

○ Entschuldigung, wo ist
bitte die Zulassungsstelle?

● Im zweiten Stock, erste Tür links,
Zimmer 201.

○ Danke schön.

..... das Einwohnermeldeamt?

..... das Zollamt?

..... das Ausländeramt?

..... das Paßamt?

..... das Standesamt?

	1. / r. / Zi. Nr. 33 →
	Zi. Nr. 7
	2. / l. / Zi. Nr. 28 ←
	2. / r. / Zi. Nr. 12 →
	3. / l. / Zi. Nr. 310 ←

Ü3

Wo bekomme ich Pullover?

○ Entschuldigung, wo bekomme ich Pullover?

● Pullover? Im dritten Stock links.

INFORMATION		
Lampen 5 ▶		Radios 2 ▶
◀ Fotoapparate 4		◀ Platten 2
◀ Pullover 3		Taschen 1 ▶

Ü4

Wo ist was?

○ Wo ist	das Radio?	● Der	ist	an . . . . .
	der Fernseher?	Die		auf . . . . .
	die Vase?	Das		über . . . . .
	. . . . .			unter . . . . .
	. . . . .			neben . . . . .
	. . . . .			in . . . .
	. . . . .			vor . . . .
	. . . . .			hinter . . . . .
	. . . . .			zwischen . . . . .

DIAPROJEKTOR

BLUME

FERNSEHER

Ü5

Wo ist meine Hose?

○ Wo ist meine Hose?
● Ich glaube, sie liegt auf deinem Stuhl.
○ Nein, da ist sie nicht.
● Dann ist sie im Schrank.

SCHRANK

○ Wo ist mein(e) . . . . .?	● Ich glaube, ...	○ Nein, ... ● Dann liegt / ist er/sie/es . . . . .
Krawatte	in/Schrank	unter/Stuhl
Pullover	auf/Bett	auf/Sessel
Hose	hinter/Tür	in/Schrank
Hemd	auf/Stuhl	auf/Sofa
Weste	zwischen/Hemden	hinter/Tür
Mantel	in/Schrank	auf/Bett
Hut	auf/Sessel	auf/Schrank
Sakko	in/Schrank	auf/Sofa
Rock	auf/Bett	unter/Stuhl
Bluse	in/Schrank	auf/Bett

Ü 6

Intonation

ein Land

ein Lànd, das in Europa liegt.

Die Bundesrepublik ist ein Land, das in Europa liegt.

Die Bundesrepublik ist ein Land, das in Europa liegt.

Die Bundesrepublik ist ein Land, das mitten in Europa liegt.

, das mitten in Europa liegt.

Ü 7.

Beschreiben Sie diese Länder!

Spanien ist ein Land, das	liegt. hat. ist.	Italien	liegt . . . . . hat . . . . . ist	Die Schweiz ist eine Republik, die . . . . .

Spanien (1978)	Italien (1978)	Schweiz (1978)
Lage: 36.–43.° nördl. Breite	**Lage:** 35.–47.° nördl. Breite	**Lage:** mitten in Europa
Klima: Sommer: 25 Grad, trocken Winter: 5 Grad	**Klima:** Sommer: 26 Grad, trocken Winter: 8 Grad	**Nachbarn:** Österreich, Italien, Frankreich, Bundesrepublik Deutschland, Liechtenstein
Länge: ca. 900 km	**Länge:** ca. 1050 km	**Länge:** ca. 215 km
Breite: ca. 1100 km	**Breite:** ca. 500 km	**Breite:** ca. 320 km
Staatsform: Demokratische Verfassung, Monarchie	**Staatsform:** Republik, demokratische Verfassung	**Staatsform:** Republik, demokratische Verfassung
Einwohner: 35 Millionen	**Einwohner:** 55 Millionen	**Einwohner:** 6,3 Millionen

Ü 8

Ausspracheübung

-[ə] ≠ -[ɐ] eine Tasche ≠ einer Tasche, eine Hose ≠ einer Hose

-[m] ≠ -[n] dem blauen Mantel ≠ den blauen Mantel, einem – ≠ einen –

-[–] ≠ -[ə] der Bleistift ≠ die Bleistifte

-[–] ≠ -[n] blaue Mäntel ≠ blauen Mänteln, rote Kleider ≠ roten Kleidern

-[–] ≠ -[t] zeichne! ≠ zeichnet! mal! ≠ malt!

Im Studio

1

Es ist 18.50 Uhr.
Um 19.00 Uhr beginnt die Nachrichtensendung.
Der Nachrichtensprecher steht neben der Kamera.
Sein Kollege sitzt auf dem Tisch.
Der Techniker steht vor der Leiter; er hat ein Kabel in den Händen.
Der Meteorologe steht vor der Wetterkarte.
Ein Hammer liegt auf dem Tisch.

Auf der Uhr an der Wand ist es 18.59 Uhr.
Der Kameramann steht jetzt hinter der Kamera.
Der Sprecher, der vorher neben der Kamera stand, sitzt jetzt am Tisch.
Die Nachrichten liegen vor ihm.
Rechts neben ihm sitzt sein Kollege, der vorher auf dem Tisch saß.
Die Scheinwerfer hängen unter der Decke.
Auf dem Tisch stehen zwei Mikrofone.
Aber der Meteorologe ist weg!

Was sehen Sie noch?

Sie deutsch sprechen?

2

Friedrich Wilhelm der Dritte von Preußen sprach ziemlich komisch.
Seine Sätze waren oft nicht vollständig.
Einmal hatte er einen Baron zu Besuch, der genauso sprach.

König: "Sie hier sein. Mich freuen. Königin schon warten. Berlin hoffentlich gefallen."

Baron: "Untertänigsten Dank erlauben. Ihrer Majestät . . ."

König: "Nach Potsdam fahren. Adjutant schon wissen."

Baron: "Um Verzeihung bitten. Nicht mitfahren können. Gepäckwagen vor dem Halleschen Tor stehen."

König: "Warum am Halleschen Tor stehen? Doch von Frankfurt kommen!"

Baron: "Fahrer Weg nicht kennen, entschuldigen."

König: "Fahrer oft dumm sein, nicht entschuldigen."

Baron: "Auf Gepäckwagen warten. Kleider brauchen. Dann Königin besuchen. Untertänigsten Dank erlauben."

Der Baron ist weg. Da sagt der König zu seinem Minister: "Baron komischer Mensch sein. Nicht richtig sprechen können. Aber er gefällt der Königin — das verstehe ich nicht!

1. Deklination: Dativ und Genitiv Singular und Plural

1.1. Artikel + Substantiv

Singular	mask.	neutr.	fem.
Nom.	der /ein – – Bleistift – –	das /ein – – Heft – –	die /ein – e Tasche – –
Akk.	den /ein – en Bleistift – –	das /ein – – Heft – –	die /ein – e Tasche – –
Dat.	dem/ein – em Bleistift – –	dem/ein – em Heft – –	der /ein – er Tasche – –
Gen.	des /ein – es Bleistift – es	des /ein – es Heft – es	der /ein – er Tasche – –
Plural			
Nom.	die / – Bleistift – e	die / – Heft – e	die / – Tasche – n
Akk.	die / – Bleistift – e	die / – Heft – e	die / – Tasche – n
Dat.	den/ – Bleistift – en	den/ – Heft – en	den/ – Tasche – n
Gen.	der / – Bleistift – e	der / – Heft – e	der / – Tasche – n

→ 2D5, 3D4, 3D5

1.2. Bestimmter Artikel + Adjektiv + Substantiv

Singular	mask.	neutr.	fem.
Nom.	der blau – e Mantel – –	das rot – e Kleid – –	die schwarz – e Hose – –
Akk.	den blau – en Mantel – –	das rot – e Kleid – –	die schwarz – e Hose – –
Dat.	dem blau – en Mantel – –	dem rot – en Kleid – –	der schwarz – en Hose – –
Gen.	des blau – en Mantel – s	des rot – en Kleid – es	der schwarz – en Hose – –
Plural			
Nom.	die blau – en Mäntel – –	die rot – en Kleid – er	die schwarz – en Hose – n
Akk.	die blau – en Mäntel – –	die rot – en Kleid – er	die schwarz – en Hose – n
Dat.	den blau – en Mäntel – n	den rot – en Kleid – ern	den schwarz – en Hose – n
Gen.	der blau – en Mäntel – –	der rot – en Kleid – er	der schwarz – en Hose – n

Genauso: Bestimmter Artikel + Adjektiv
→ 6D3.1

1.3. Unbestimmter Artikel + Adjektiv + Substantiv

Singular	mask.	neutr.	fem.
Nom.	ein – – blau – er Mantel – –	ein – – rot – es Kleid – –	ein – e schwarz – e Hose – –
Akk.	ein – en blau – en Mantel – –	ein – – rot – es Kleid – –	ein – e schwarz – e Hose – –
Dat.	ein – em blau – en Mantel – –	ein – em rot – en Kleid – –	ein – er schwarz – en Hose – –
Gen.	ein – es blau – en Mantel – s	ein – es rot – en Kleid – es	ein – er schwarz – en Hose – –
Plural			
Nom.	– blau – e Mäntel – –	– rot – e Kleid – er	– schwarz – e Hose – n
Akk.	– blau – e Mäntel – –	– rot – e Kleid – er	– schwarz – e Hose – n
Dat.	– blau – en Mäntel – n	– rot – en Kleid – ern	– schwarz – en Hose – n
Gen.	– blau – er Mäntel – –	– rot – er Kleid – er	– schwarz – er Hose – n

Genauso: Unbestimmter Artikel + Adjektiv
→ 6D3.2

1.4. Adjektiv + Substantiv

Singular	mask.	neutr.	fem.
Nom.	blau – er Mantel – –	rot – es Kleid – –	schwarz – e Hose – –
Akk.	blau – en Mantel – –	rot – es Kleid – –	schwarz – e Hose – –
Dat.	blau – em Mantel – –	rot – em Kleid – –	schwarz – er Hose – –
Gen.	blau – en Mantel – s	rot – en Kleid – es	schwarz – er Hose – –
Plural			
Nom.	blau – e Mäntel – –	rot – e Kleid – er	schwarz – e Hose – n
Akk.	blau – e Mäntel – –	rot – e Kleid – er	schwarz – e Hose – n
Dat.	blau – en Mäntel – n	rot – en Kleid – ern	schwarz – en Hose – n
Gen.	blau – er Mäntel – –	rot – er Kleid – er	schwarz – er Hose – n

→ 6D3.2

1.5. Possessivpronomen + Adjektiv + Substantiv

Singular	mask.		fem.
Nom.	mein – – blau – er Mantel – –	mein – – rot – es Kleid – –	mein – e schwarz – e Hose – –
Akk.	mein – en blau – en Mantel – –	mein – – rot – es Kleid – –	mein – e schwarz – e Hose – –
Dat.	mein – em blau – en Mantel – –	mein – em rot – en Kleid – –	mein – er schwarz – en Hose – –
Gen.	mein – es blau – en Mantel – s	mein – es rot – en Kleid – es	mein – er schwarz – en Hose – –
Plural			
Nom.	mein – e blau – en Mäntel – –	mein – e rot – en Kleid – er	mein – e schwarz – en Hose – n
Akk.	mein – e blau – en Mäntel – –	mein – e rot – en Kleid – er	mein – e schwarz – en Hose – n
Dat.	mein – en blau – en Mäntel – n	mein – en rot – en Kleid – ern	mein – en schwarz – en Hose – n
Gen.	mein – er blau – en Mäntel – –	mein – er rot – en Kleid – er	mein – er schwarz – en Hose – n

⟶ 6D3.3

2. Lokale Situativergänzung   und Direktivergänzung

Wo ist das Rathaus?

Das Rathaus ist

da.
hier.
(da) vorn.
(da) hinten.
(da) drüben.
(da) oben.
(da) unten.
rechts.
links.
in der ersten Straße rechts (links).

SITUATIV-
ERGÄNZUNG

Wie komme ich **zum** Rathaus?

Gehen Sie

dahin / dorthin.
hierhin.
nach da vorne.
nach da hinten.
nach da oben.
nach rechts.
nach links.
(in) die erste Straße rechts (links).
die Hauptstraße entlang.

DIREKTIV-
ERGÄNZUNG

3. Lokale Situativergänzung: Präposition mit Substantiv im Dativ

Wo ist (liegt) der Füller?		mask.	neutr.	fem.	
Der Füller ist (liegt)	in an auf unter vor hinter neben	**dem** Plattenspieler	**dem** Regal	**der** Vase	= **Singular**
Wo sind (liegen) die Füller?					
Die Füller sind (liegen)	in an auf unter vor hinter neben zwischen	**den** Plattenspielern	**den** Regalen	**den** Vasen	= **Plural**

Variante:

in an unter vor hinter	dem Plattenspieler / dem Regal	➡	**im** **am** **unterm** **vorm** **hinterm**	Plattenspieler / Regal = **Singular**

4. Relativsatz

4.1. Relativpronomen

Die Bundesrepublik ist der / ein Bundesstaat, **der** zehn Bundesländer hat.
Die Bundesrepublik ist das / ein Land   , **das** mitten in Europa liegt.
Die Bundesrepublik ist die / eine Republik   , **die** eine Bundesregierung und 10 Landesregierungen hat.

```
. . . . . ART + SUBST, REL. PR. . . . . .
```

Erläuterung: REL. PR. = Relativpronomen

4.2. Stellung des Verbs

HAUPTSATZ		HAUPTSATZ	
Die Bundesrepublik **ist** ein Bundesstaat.	–	Der (dieser) Bundesstaat (Er)	**hat** zehn Bundesländer.
Die Bundesrepublik **ist** ein Land.	–	Das (dieses) Land (Es)	**liegt** mitten in Europa.
Die Bundesrepublik **ist** eine Republik.	–	Die (diese) Republik (Sie)	**hat** eine demokratische Verfassung.

HAUPTSATZ		RELATIVSATZ	
Die Bundesrepublik **ist** ein Bundesstaat,	**der** zehn Bundesländer		**hat.**
Die Bundesrepublik **ist** ein Land	, **das** mitten in Europa		**liegt.**
Die Bundesrepublik **ist** eine Republik	, **die** eine demokratische Verfassung	**hat.**

HAUPTSATZ: flektiertes Verb an 2. Stelle	RELATIVSATZ: Verb an letzter Stelle

Genauso:

Ich **lebe** in der Bundesrepublik. – Die Bundesrepublik **hat** zehn Bundesländer.
Ich **lebe** in der Bundesrepublik, **die** zehn Bundesländer **hat.**

5. Aufforderung: Imperativ, Infinitiv, Aussagesatz

Imperativ		Infinitiv	Aussagesatz	
Zeichnen Sie Zeichne Zeichnet	vier Quadrate!	Vier Quadrate zeichnen!	Sie zeichnen Du zeichnest Ihr zeichnet	vier Quadrate.
Malen Sie Male Malt	einen blauen Kreis!	Einen blauen Kreis malen!	Sie malen Du malst Ihr malt	einen blauen Kreis.
Schneiden Sie Schneide Schneidet	die Figur aus! aus! aus!	Die Figur ausschneiden!	Sie schneiden Du schneidest Ihr schneidet	die Figur aus. aus. aus.

Ü 1

Antworten Sie

Beispiel: Wo ist mein Fotoapparat? – **In dem / im Schrank.**
Aufgabe: Wo ist mein Buch? (Regal). – Wo ist mein Füller? (Sakko). – Wo ist meine Tasche? (Auto). – Wo ist meine Uhr? (Bad). – Wo ist meine Frau? (Kino). – Wo ist mein Mann? (Gasthaus). – Wo ist mein Auto? (Straße). – Wo ist das Ausländeramt? (2. Stock). – . . . . .

Beispiel: Wo ist mein Fotoapparat? – **Auf / unter / vor / hinter / neben / zwischen den Büchern.**
Aufgabe: Wo ist das Rathaus? – Wo ist Herr Fischer? – Wo ist mein Füller? – Wo ist mein Sakko? – Wo sind meine Kleider? – Wo ist Madeleine? – Wo ist der Whisky? – . . . . .
(Häuser) – (Autos) – (Hefte) – (Hosen) – (Betten) – (Mikrophone) – (Schränke) . . . . .

Ü 2

Antworten Sie

Beispiel: Wo ist das Rathaus? – (Das Rathaus ist) **da oben**.
Wie komme ich zum Rathaus? – (Geben Sie) **da entlang**!

Aufgabe: Wie komme ich zum Bahnhof? – Wo ist die nächste Brücke? – Wie komme ich zum Markt? – Wie komme ich zum Museum? – Wo ist der Dom? – Wie komme ich zum Rhein? – Wo ist das Ausländeramt? – Wo ist die Post? – .....

(hier vorne; da hinten; da oben; in der zweiten Straße rechts; auf der linken Seite; in der ersten Straße links; auf der rechten Seite; .....)

(da entlang; nach da vorne; nach da hinten; die erste Straße rechts; die zweite links; geradeaus; .....)

Ü 3

Antworten Sie

Beispiel: Wo ist mein Fotoapparat? – **In dem / deinem blauen Mantel. In der / deiner roten Weste.**

Aufgabe: Wo ist mein Autoschlüssel? (grün – Sakko). – Wo ist mein Füller? (recht – Manteltasche). – Wo ist meine Krawatte? (klein – Schrank). – Wo ist mein Paß? (schwarz – Tasche). – Wo ist mein Bier? (dick – Bauch).

Ü 4

Ergänzen Sie

Beispiel: Der Sprecher steht neben **der** Kamera.

Aufgabe: **Im Studio**

Um 19 Uhr beginnt die Sendung. Es ist 18.50 Uhr. Der Sprecher steht ..... Kamera. Sein Kollege sitzt auf ..... Tisch. Der Meteorologe steht vor ..... Wetterkarte.
Jetzt ist es 18.59 Uhr. Der Kameramann steht hinter ..... Kamera. Der Sprecher sitzt ..... Tisch. Der Kollege sitzt neben ..... Sprecher. Die Lampen hängen unter ..... Decke. Die Mikrofone stehen auf ..... Tisch. Die Sendung kann beginnen.

Ü 5

Sagen Sie das anders

Beispiel: Vier Quadrate zeichnen! – a) **Zeichnen Sie vier Quadrate! / Zeichne vier Quadrate!**
b) **Sie zeichnen vier Quadrate. / Du zeichnest vier Quadrate.**

Aufgabe: Ein Stück Pappe nehmen! – Einen blauen Kreis malen! – Die ganze Figur ausschneiden! – Daraus einen Körper falten! – Die Aufgabe richtig lösen! – .....

Ü 6

Ergänzen Sie

Beispiel: **Die Bundesrepublik ist** ein Bundesstaat, **der** zehn Bundesländer **hat.**
ein Land , **das** mitten in Europa **liegt.**
eine Republik , **die** eine demokratische Verfassung **hat.**

Aufgabe: ..... ein Land, ... 61,5 Millionen Einwohner .....; ..... ein Bundesstaat, ... eine Bundesregierung und zehn Landesregierungen .....; ..... ein Land, ... 800 Kilometer lang .....; ..... ein Land, ... ein gemäßigtes Klima .....; ..... ein Land, ... zwischen dem 47. und 55. nördlichen Breitengrad .....

Ü 7

Machen Sie Relativsätze

Beispiel: Ich lebe in der Bundesrepublik. Die Bundesrepublik hat eine demokratische Verfassung.
Ich lebe in der Bundesrepublik, die eine demokratische Verfassung hat.

Aufgabe: Ich kaufe mir ein Auto. Das Auto ist zwei Jahre alt. – Wir besuchen unsere Freunde. Unsere Freunde wohnen in Berlin. – Ich habe einen Freund. Der Freund ist aus Frankreich. – Wir fahren mit dem Zug. Der Zug ist um 17 Uhr in Hamburg. – Wir nehmen den Fotoapparat. Der Fotoapparat kostet 98 Mark. – .....

Ü 8

Fragen und antworten Sie

Beispiel: Geben Sie mir den Fotoapparat. – **Welchen? – Den Fotoapparat, der 49 Mark kostet.**

Aufgabe: Geben Sie mir das Buch (..... dort im Regal steht). – Zeigen Sie mir die Straße (..... zum Rhein geht). – Ich nehme den Plattenspieler (..... 198 Mark kostet). – Ich nehme den Zug (..... um 8 Uhr in Rom ist). – Geben Sie mir den Koffer (..... dort hinten in der Ecke steht). – Zeigen Sie mir die Tasche (..... dort oben rechts im Regal steht). – Ich nehme das Bild (..... rechts an der Wand hängt). – Zeigen Sie mir die Vase (..... da vorne im Regal steht). – .....

1

TELEFON **TELE**

Ich kann deine Adresse nicht finden! Ich glaub, deine Beschreibung ist falsch.

Nein, unmöglich. Zuerst über die Deutzer Brücke, dann . . . .

So ein Mist!!!

Wenn Du an den Rhein kommst, fahre über die Deutzer Brücke nach Köln rein. Dann geradeaus über den Heumarkt; die Gürzenich-straße entlang und weiter die Schildergasse, immer geradeaus.

Vor der großen Kirche mußt Du nach rechts abbiegen, und dann die zweite Straße links, das ist die Breite Straße.

Unser Haus ist Nr. 17.

Gute Fahrt!

Zimmer zu vermieten

2

Hans Lang sucht ein neues Zimmer. Er kauft die Tageszeitung und studiert die Mietanzeigen ("Vermietungen"). Dann ruft er von einer Telephonzelle an.

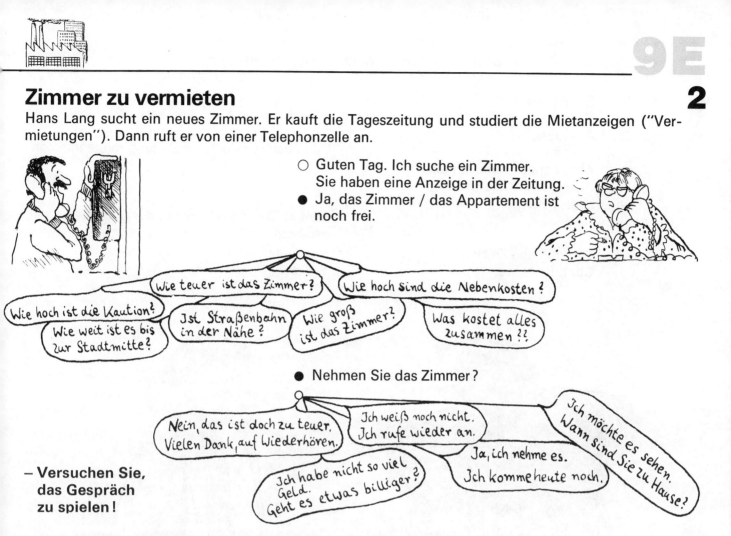

○ Guten Tag. Ich suche ein Zimmer.
Sie haben eine Anzeige in der Zeitung.

● Ja, das Zimmer / das Appartement ist noch frei.

Wie teuer ist das Zimmer?

Wie hoch sind die Nebenkosten?

Wie hoch ist die Kaution?

Ist Straßenbahn in der Nähe?

Wie groß ist das Zimmer?

Was kostet alles zusammen??

Wie weit ist es bis zur Stadtmitte?

● Nehmen Sie das Zimmer?

Nein, das ist doch zu teuer. Vielen Dank, auf Wiederhören.

Ich weiß noch nicht. Ich rufe wieder an.

Ich möchte es sehen. Wann sind Sie zu Hause?

Ich habe nicht so viel Geld. Geht es etwas billiger?

Ja, ich nehme es. Ich komme heute noch.

– Versuchen Sie, das Gespräch zu spielen!

So sehen Vermietungsanzeigen (Annoncen) in der Zeitung aus:

3

Vermietungen

1. **Zwei 1/2-Zi.-Appartements,** m. Kochn., Duschbad, Diele u. HZ, in ruhiger Lage Nähe Hupfeldschule ab sof. zu vermieten, ☎ 3 60 28

2. **1-Zi.-Ap.,** 25 qm, ZH, Spüle, E-Herd, Kühlschr., Teppichboden, Bad u. WC, DM 170 plus NK und Kaution, Landesärztekammer Hessen, Versorgungswerk, Mönchebergstr. 50, ☎ 89 14 00

3. **Garage frei!** Franzgraben 3. ☎ 1 30 29 (nur von 8–17 Uhr)

4. **3 Zi.,** Kü., Bad, HZ, Nähe Lutherplatz zu vermieten, ☎ 3 69 01

5. **1-Zi.-Appartement** (leer) frei. Billigst! ☎ 1 41 74 (nur von 8–17 Uhr)

6. **Möbl. Zimmer,** Nähe Hauptbahnhof, ab 1. 1. 79 frei, ☎ 7 14 24

7. **Kl. Laden** mit Wohn., Nähe Hauptpost, frei. Angebote unter A 1/3376 Pressehaus Kassel

8. **Sep. möbl. Zimmer,** Küche u. Duschbenutz., Zentrum Kassel, frei. ☎ 0 56 05 – 52 00

9. **2-Zimmer-Appartement** zum 1. 2. 79, Nähe Holl. Platz zu verm., 250 DM u. Nebenabgaben. Tel. 8 49 71, Mo. – Fr. 7 – 16 Uhr

10. **2 Zi.,** Kü. Bad. 50 qm. Nähe Berliner Brücke. DM 250.–, evtl. Garage DM 40.– ☎ 1 56 91 Mi., Do. 8 bis 16 Uhr

11. **2-Zi.-Wohn.,** Küche, Bad. Flur, ÖlZH., Ww., Fahrstuhl. Zentrum. Miete DM 260.– zuzügl. NK. PODEWASCH-Immobilien, ☎ 2 31 57

12. **2 ZKB,** vollst. renoviert, 2-Fam.-Haus vord. Westen. z. 1. 1. 79, DM 350.– + NK. ☎ 05 61 / 7 52 70 ab 15 Uhr

13. **2 ½ Zi.,** Kü.. Bad. sep. WC, zentr. Ölversorg.. Teppichbod.. 79 qm. Altbau. 1. 1. od. 1. 2. 79, DM 320.– + NA, ☎ 1 76 77

Lesehilfen:

m. = mit; Kochn. = Kochnische;
HZ = Heizung; sof. = sofort;
qm = m²; ZH = Zentralheizung;
E-Herd = Elektroherd;
Kühlschr. = Kühlschrank;
WC = Wasserklosett;
NK = Nebenkosten (Strom,
  Wasser, Heizung usw.);
Zi. = Zimmer; Kü. = Küche;
Möbl. = Möbliert;
Kl. = Kleiner; Wohn. = Wohnung;
Sep. = separat;
Duschbenutz. = Duschbenutzung;
verm. = vermieten; u. = und;
Mo.—Fr. = Montag—Freitag;
evtl. = eventuell;
ÖIZH. = Ölzentralheizung;
Ww. = Warmwasser;
zuzügl. = zuzüglich;
2 ZKB = 2 Zimmer, Küche, Bad;
vollst. = vollständig;
Fam. = Familie(n);
vord. = vorderer; z. = zum;
zentr. = zentrale;
Teppichbod. = Teppichboden;
od. = oder;
NA = Nebenabgaben, Neben-
  kosten

Fragen:

1. Welche Anzeige verstehen Sie, welche ist schwierig?

2. Beschreiben Sie die einzelnen Zimmer / Appartements: "Nr. 1 ist ein . . . . . ., das . . . . . hat / ist / liegt / kostet." usw.

3. Vergleichen Sie die Angebote: Welches Zimmer / Appartement ist besonders günstig?

1

So ein Mist!

Am Kiosk?

Aber danach habe ich die
Hose gekauft, da habe ich es
noch gehabt!

Ach du liebe Zeit!
Dann ist es weg!

Hast du es am Kiosk vergessen?

Da haben wir doch die Zeitung mitgenommen.

Stimmt. Dann sind wir mit der U-Bahn
gefahren.

Wir	**sind**	am Kiosk	**gewesen.**
	sind	mit der U-Bahn	**gefahren.**
	haben	eine Zeitung	**mitgenommen.**
	haben	die Hose	**gekauft.**
Da	**habe**	ich es noch	**gehabt.**
Wo	**habe**	ich es	**verloren?**
	Hast	du es am Kiosk	**vergessen?**

2

Was hat Herr Rasch den ganzen Vormittag gemacht?

①

②

○ Ja, da sind Sie ja endlich, Herr Rasch!
Wo sind Sie denn den ganzen Morgen
gewesen? — Ich habe Sie heute morgen um
9 Uhr zur Firma Meinke geschickt, und jetzt
ist es Viertel nach zwei!

● Ja . . . . . , also . . . . . ich bin mit dem
Wagen zur Firma Meinke gefahren. Da war
viel Verkehr.

Ich war erst um 10.00 Uhr da. Dann habe ich
eine halbe Stunde auf Herrn Meinke
gewartet.

Ich habe bis halb zwei mit Herrn Meinke
gesprochen.

Dann habe ich schnell zu Mittag gegessen
und bin direkt ins Büro zurückgefahren.

③

④

⑤

Ich habe	geschickt. gewartet. gesprochen. gegessen. "Auf Wiedersehen" gesagt.
Er hat	gebracht. geflirtet. getrunken.
Ich bin	gefahren. zurückgefahren.
Wo sind Sie haben Sie	gewesen? gegessen?

3

GALLIEN
(VON DEN RÖMERN EROBERT)
50 v. Chr.

CELTAE

PROVINCIA NARBONENSIS

AQUITANIA

Die Römer eroberten ganz Gallien. Das war um 50 vor Christus.

Sie schützten die Grenze zwischen Gallien und Germanien.

Links – zwo, drei, vier...

Marschieren ist des Kriegers Lust ♪

Plötzlich kamen die Germanen, sie sangen laut, marschierten nach Gallien und griffen die Römer an.

Sofort verließ die **erste römische** Legion das Lager. Ganz vorne marschierte der General Fortissimus. Die Soldaten trugen **schwere** Waffen. Hinten fuhr der Koch. Er hatte viel Wein und Essen auf seinem Wagen.

Durchs Fenster?
Nicht zu glauben!!

Sie hat es unter die Matratze gelegt.

Was, unter die Matratze??

Sie hat es am Samstag geholt.
Am Sonntag ist es passiert.

Hat sie nichts gehört?

Sie hat doch geschlafen!

Geschlafen? Im Bett??
Auf der Matratze???

Ja, genau!

Phantastisch! So was habe
ich noch nie gehört!

Einbrecher kam während der Party

GRÜNWALD — Während ein Geschäfts-
mann mit seinen Gästen in seiner Villa in Grünwald (Landkreis München) eine Party feierte,
wurde er um mehr als 100 000 Mark erleichtert.
Ein Einbrecher war über die Mauer des Grund-
stücks gestiegen und hatte sich — unbemerkt von
Hausherrn und Gästen — Zugang zum Schlafzimmer verschafft. Dort fand er Brillanten und
sieben Brillantringe.

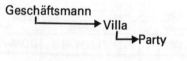

Geschäftsmann
→ Villa
→ Party

Einbrecher
→ Schlafzimmer
→ Brillanten, Brillantringe =
100.000 Mark

Wohin hat sie es gelegt?	**Ins**	Bett.
	Unter die	Matratze.
Wo hat sie geschlafen?	**Im**	Bett.
	Auf der	Matratze.

Ü1

Intonation

Wir trinken.   Wir haben getrunken.   Wir haben ein Bier getrunken.

Wir sind am Kiosk gewesen.

Hast du es am Kiosk vergessen?

Da habe ich es noch gehabt!

Ü2

Ein Tag in der Stadt

○ Was hat Frau Rasch heute in der Stadt gemacht?   ● Um 9.15 Uhr ist sie . . . . . Dann hat sie . . . . .

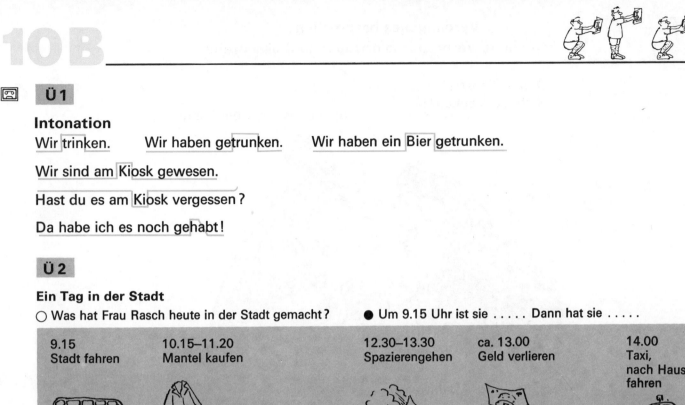

9.15	10.15–11.20	12.30–13.30	ca. 13.00	14.00
Stadt fahren	Mantel kaufen	Spazierengehen	Geld verlieren	Taxi, nach Hause fahren

10.00	11.25	11.45–12.30		13.30
Tee trinken	Zeitung kaufen, lesen	Gasthaus, essen		Mann im Büro anrufen

○ Was haben **Sie** heute gemacht?   ● Um . . . . . bin / habe ich . . . . .

Ü3

Was hat Irene Bauer diese Woche gemacht?

MONTAG	DIENSTAG	MITTWOCH	DONNERSTAG	FREITAG	SAMSTAG	SONNTAG
Auto kaputt! TAXI	Telefoniert mit Klaus · · Bier im Club	KINO gewesen Pizza gegessen	mit Auto in die Stadt Rock und Bluse gekauft	Claudia angerufen, in der Disco viel getrunken	Stuttgart Platten-spieler 3 Platten gekauft spazieren-gegangen	2 Briefe geschrieben PICKNICK mit Klaus, Gerda und Rosa Flasche Wein getrunken

Ü 4

Was hat Sherlock Holmes gesehen?

Ü 5

Was hat Gabi Schmidt heute in der Stadt gemacht?

A Gabi ist / hat . . . . . Dann ist sie . . . . .
B Ich bin / habe . . . . .

Ü 6

Die Römer am Rhein

"Die erste römische Legion *verließ* das Lager ....."

".... Schließlich (kommen) die Römer an den Rhein. Die Germanen (warten) auf der anderen Seite.

Dann (fahren) die Römer über den Rhein. Sie (tragen) schwere Waffen.

Die Germanen (singen) laut und (trinken) viel Bier. Sie (haben) keine Waffen.

Die Römer (ankommen). Aber die Germanen (angreifen) nicht!

Nun (suchen) die Römer die Germanen und (gehen) weg vom Rhein. Aber sie (sehen) die Germanen nicht.

Plötzlich (kommen) die Germanen von oben! Die Römer (bekommen) große Angst.

Die Römer (marschieren) schnell zum Rhein zurück. Der (sein) sehr kalt!

Jetzt (singen) die Germanen wieder und (trinken) noch mehr Bier."

Ü 7

Wo ist die Zeitung?

Herr Sanders kann seine Zeitung nicht finden.

Wohin hat er sie gelegt?

Ü 8

Haben Sie gesehen?

○ Haben Sie gesehen? Frau Müller hat gestern einen Schrank bekommen.

● . . . . . und wohin hat sie ihn gestellt?

○ Ins Eßzimmer.

Sessel	Arbeitszimmer
Sofa	Wohnzimmer
Lampe	Flur
Schrank	Schlafzimmer
Stuhl	Küche
Tisch	Wohnzimmer

Ü 9

Haben Sie schon gehört?

○ Haben Sie schon gehört? Herr Klose hat Geld verloren!

● Wo?

○ Im Dom.

an	Bahnhof	Krankenhaus
auf	Straße	Gasthaus
in	Zug	Büro
	Kirche	Markt
	Rathaus	Kiosk
	Kino	Zug
	Stadt	Taxi
	Post	

Ü 10

Ausspracheübung

-[–] ≠ -[t]   – hieß ≠ – hießt,   – aß ≠ – aßt,   – sprach ≠ – spracht
-[t] ≠ -[st]   – kamt ≠ – kamst,   – schreibt ≠ – schreibst
-[–] ≠ -[ə]   – antwortet ≠ – antwortete,   – arbeitet ≠ – arbeitete

-[rt]   gehört, aufgehört;   -[lt] verhandelt, gewollt, wiederholt;   -[nt] gekonnt;   -[pt] gehabt;   -[ft] gekauft,
-[rft]   gedurft;   -[tst] geschätzt;   -[st] gemußt;   -[kt] gefragt, gesagt, gezeigt, geschickt;
-[xt]   gebracht, gemacht, gesucht, gebraucht

-[mg]- umgestiegen;   -[ng]- eingestiegen;   -[fg]- aufgegangen;   -[tg]- mitgefahren;   -[sg]- ausgestiegen;
-[kg]- zurückgefahren;   -[xg]- nachgesprochen

DIE GESCHICHTE VON ANTEK PISTOLE
Ein Roman aus Margarinien

Margarinien ist ein Land,
ein Land wie Griechenland, Jugoslawien
und die Türkei — nur etwas kleiner.
Margarinien liegt im Süden.

5 In einem kleinen Dorf in Margarinien
lebte vor 70 Jahren Antek Pistole, der Besenbinder.
Was ist ein Besenbinder?
Ein Mann, der Besen macht!

Antek Pistole war ein guter, ehrlicher Mensch.
10 Er lebte gut mit allen Menschen zusammen
und machte nie einen Streit.
Antek war stark wie ein Bär.
Er arbeitete Tag für Tag
und machte Besen, sehr gute Besen,
15 die nie kaputtgingen.
Jeden Tag machte er 5 Besen.
Er verkaufte sie und kaufte sich
für das Geld Brot, Wurst und eine Flasche Bier.

Antek hatte das Besenbinden von seinem Vater gelernt.
20 Und der hatte es auch von seinem Vater gelernt,
und der auch von seinem Vater usw.
Jeder hatte es von seinem Vater gelernt.

In dem kleinen Dorf lebten damals nur 311 Leute.
Bald hatten alle einen Besen von Antek.
25 Und leider waren Anteks Besen viel zu gut,
sie gingen nie kaputt.
Sie waren so gut, daß die Mutter den Besen
an die Kinder weitergab und die Kinder
wieder an die Kinder.

30 Alle, alle hatten einen Besen von Antek!

WAS ABER MACHTE ANTEK DANN???
. . . .

**Aus dem Tagebuch
eines Junggesellen:**

Schwarzer Freitag **2**

Fr., 13. September	
8.00	aufgestanden; müde gewesen, ins Bad gegangen
8.00 – 8.30	im Bad gewesen
8.20 – 8.45	angezogen
8.45 – 9.00	Frühstück gemacht; in Finger geschnitten!
9.00 – 10.00	Kaffee getrunken, Brötchen gegessen, Zeitung gelesen
10.00	in Stadt gefahren, Bus genommen, 1x umgestiegen, für Monika Blumen gekauft
11.00 – 12.30	auf Monika gewartet!
12.30	Monika gekommen, wenig Zeit gehabt; (nur kurz mit ihr gesprochen)
12.40	Flasche Kognak gekauft
13.00	nach Hause gefahren, Brieftasche verloren
14.00 – 15.00	nach Hause gekommen, traurig gewesen, Brief an Monika geschrieben
15.00	Kognak getrunken
. . .	**???**

Um acht Uhr ist Peter aufgestanden; er ist ziemlich müde gewesen. Dann ist er ins Bad gegangen.

Von acht bis halb neun ist Peter im Bad gewesen, dann hat er sich angezogen.

Um Viertel vor neun hat er Frühstück gemacht; dabei hat er sich in den Finger geschnitten.

Von neun bis zehn hat er Kaffee getrunken (der Kaffee war dünn), Brötchen gegessen (die Brötchen waren hart) und die Zeitung gelesen (nur schlechte Nachrichten).

Um zehn ist er in die Stadt gefahren; er hat den Bus genommen und ist einmal umgestiegen. Er hat für Monika Blumen gekauft; dann hat er auf sie gewartet.

Er hat von elf bis halb eins gewartet. Dann ist Monika schließlich gekommen. Sie hat nur wenig Zeit gehabt und hat nur kurz mit ihm gesprochen.

Um zwanzig vor eins hat Peter eine Flasche Kognak gekauft.

Um eins ist er nach Hause gefahren; dabei hat er seine Brieftasche verloren.

Um zwei ist er nach Hause gekommen. Er ist sehr traurig gewesen. Er hat einen Brief an Monika geschrieben. Dann hat er Kognak getrunken.

UND DANN?

1. Konjugation: Stammformen der "unregelmäßigen" Verben

Infinitiv	Präteritum (1.3. Sg.)	Partizip II	Genauso:
1. (a) schreib – en	schrieb – –	ge – schrieb – en	einsteigen, umsteigen, bleiben, scheinen, leihen
(b) schneid – en	schnitt – –	ge – schnitt – en	beißen, angreifen, ausschneiden
2. (a) schieß – en	schoß – –	ge – schoss – en	
(b) flieg – en	flog – –	ge – flog – en	verlieren
3. (a) sing – en	sang – –	ge – sung – en	trinken, finden
(b) beginn – en	begann – –	begonn – en	
4. (a) sprech – en	sprach – –	ge – sproch – en	helfen, treffen
komm – en	kam – –	ge – komm – en	bekommen
(b) ess – en	aß – –	ge – gess – en	vergessen
5. (a) nehm – en	nahm – –	ge – nomm – en	
(b) les – en	las – –	ge – les – en	sehen
lieg – en	lag – –	ge – leg – en	
6. heb – en	hob – –	ge – hob – en	
7. (a) fall – en	fiel – –	ge – fall – en	gefallen, freihalten, verlassen
anfang – en	fing – – an	ange – fang – en	
schlaf – en	schlief – –	ge – schlaf – en	
(b) fahr – en	fuhr – –	ge – fahr – en	mitfahren, wegfahren, zurückfahren, einladen, tragen
8. heiß – en	hieß – –	ge – heiß – en	
ruf – en	rief – –	ge – ruf – en	anrufen

Ausnahmen:			
geh – en	ging – –	ge – gang – en	
steh – en	stand – –	ge – stand – en	
(leid)tu – n	tat – –	ge – ta – n	

2. Konjugation: Präteritum

2.1. "Unregelmäßige" Verben

Infinitiv:		heißen	kommen	sprechen	essen	-en
Singular 1. Person	ich	hieß – –	kam – –	sprach – –	aß – –	– –
2. Person	du	hieß – **t**	kam – st	sprach – st	aß – **t**	– st
	Sie	hieß – en	kam – en	sprach – en	aß – en	– en
3. Person	er sie es	hieß – –	kam – –	sprach – –	aß – –	– –
Plural 1. Person	wir	hieß – en	kam – en	sprach – en	aß – en	– en
2. Person	ihr	hieß – t	kam – t	sprach – t	aß – t	– t
3. Person	sie	hieß – en	kam – en	sprach – en	aß – en	– en

→ 3D1, 7D4

2.2. "Regelmäßige" Verben

Infinitiv:		antworten	sagen	wollen	können	müssen	– en
Singular							
1. Person	ich	antwort – **et** – e	sag – t – e	woll – t – e	konn – t – e	muß – t – e	– e
2. Person	du	antwort – **et** – est	sag – t – est	woll – t – est	konn – t – est	muß – t – est	– est
	Sie	antwort – **et** – en	sag – t – en	woll – t – en	konn – t – en	muß – t – en	– en
3. Person	er sie es	antwort – **et** – e	sag – t – e	woll – t – e	konn – t – e	muß – t – e	– e
Plural							
1. Person	wir	antwort – **et** – en	sag – t – en	woll – t – en	konn – t – en	muß – t – en	– en
2. Person	ihr	antwort – **et** – et	sag – t – et	woll – t – et	konn – t – et	muß – t – et	– et
3. Person	sie	antwort – **et** – en	sag – t – en	woll – t – en	konn – t – en	muß – t – en	– en

Genauso: bild – **et** – e   frag – t – e
                                       zeig – t – e
➝ 3D1, 7D   marschier – t – e

3. Konjugation: Partizip II

3.1. "Unregelmäßige" Verben

(a) *Verben ohne Präfix*

Infinitiv:	Partizip II:
schreiben	ge – schrieb – en
schneiden	ge – schnitt – en
fliegen	ge – flog – en
singen	ge – sung – en
trinken	ge – trunk – en
helfen	ge – holf – en
kommen	ge – komm – en
sprechen	ge – sproch – en
essen	ge – **gess** – en
nehmen	ge – nomm – en
lesen	ge – les – en
heben	ge – hob – en
fahren	ge – fahr – en
heißen	ge – heiß – en
sein	ge – **wes** – en

3.2. "Regelmäßige" Verben

Infinitiv:	Partizip II:
sagen	ge – sag – t
fragen	ge – frag – t
zeigen	ge – zeig – t
suchen	ge – such – t
schützen	ge – schütz – t
brauchen	ge – brauch – t
kaufen	ge – kauf – t
machen	ge – mach – t
schicken	ge – schick – t
antworten	ge – antwort – **et**
kosten	ge – kost – **et**
warten	ge – wart – **et**
haben	ge – hab – t

3.3. Mischklasse

Infinitiv:	Part. II:
bringen	ge – brach – t

(b) *Verben mit trennbarem Präfix*

Infinitiv:	Partizip II:
mit – kommen	mit – ge – komm – en
mit – gehen	mit – ge – gang – en
mit – fahren	mit – ge – fahr – en
zurück – fahren	zurück – ge – fahr – en
ein – laden	ein – ge – lad – en
ein – steigen	ein – ge – stieg – en
um – steigen	um – ge – stieg – en
weiter – trinken	weiter – ge – trunk – en
an – fangen	an – ge – fang – en
an – greifen	an – ge – griff – en
an – rufen	an – ge – ruf – en

Infinitiv:	Partizip II:
auf – hören	auf – ge – hör – t

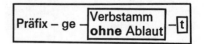

(c) Verben mit nicht trennbarem Präfix

Infinitiv:	Partizip II:	Infinitiv:	Partizip II:
bekommen	bekomm – en	erobern	erober – t
verlieren	verlor – en	gehören	gehör – t
gefallen	gefall – en		

Präfix –	Verbstamm **mit** Ablaut	en

Präfix –	Verbstamm **ohne** Ablaut	t

(d) Ausnahmen

Infinitiv:	Partizip II:
marschieren	marschier – t

4. Konjugation: Perfekt

4.1. Perfekt mit "haben"

Singular		
1. Person	ich habe	getrunken
		gegessen
2. Person	du hast	gesungen
	Sie haben	geschrieben
	er	geschnitten
3. Person	sie hat	geholfen
	es	gesprochen
		genommen
Plural		gelesen
		geheißen
1. Person	wir haben	gesagt
2. Person	ihr habt	gefragt
3. Person	sie haben	gezeigt
		gesucht
		geschützt
		gebraucht
		gekauft
		gemacht
		geschickt
		geantwortet
		gekostet
		gewartet
		gehabt
		gebracht
		weitergetrunken
		aufgehört
		bekommen
		verloren
		gefallen
		erobert
		gehört

➔ 3D1, 10D3

haben + Partizip II

4.2. Perfekt mit "sein"

Singular		
1. Person	ich bin	geflogen
		geschwommen
2. Person	du bist	gekommen
	Sie sind	gefahren
	er	gelaufen
3. Person	sie ist	gewesen
	es	mitgekommen
		mitgegangen
Plural		mitgefahren
		zurückgefahren
1. Person	wir sind	eingestiegen
2. Person	ihr seid	umgestiegen
3. Person	sie sind	marschiert

sein + Partizip II

5. Perfekt: Satzrahmen

Aussagesatz:

Ich bin mit der U-Bahn gefahren.
Ich habe die Hose gekauft.
Ihr habt uns geholfen.
Er ist in Berlin gewesen.

➔ 7D4

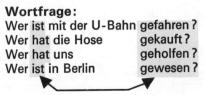

Wortfrage:

Wer ist mit der U-Bahn gefahren?
Wer hat die Hose gekauft?
Wer hat uns geholfen?
Wer ist in Berlin gewesen?

Satzfrage:

Bist du mit der U-Bahn gefahren?
Hast du die Hose gekauft?
Habt ihr uns geholfen?
Ist er in Berlin gewesen?

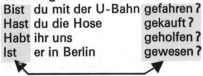

6. Modalverben: Perfekt

6.1. Modalverb + Vollverb

Ich **habe** dich nicht **fragen wollen.**
Wir **haben** ihm nicht **helfen können.**
Ich **habe** einfach **weitertrinken müssen.**
Sie **hat** den Ring nicht **kaufen dürfen.**

6.2. Modalverb

Ich **habe** das nicht **gewollt.**
Wir **haben** das nicht **gekonnt.**
Ich **habe** das einfach **gemußt.**
Sie **hat** das nicht **gedurft.**

7. Lokale Situativergänzung: Präposition mit Substantiv im Dativ

Wo liegt das Geld?

Das Geld liegt

| in an auf unter vor hinter neben zwischen | dem Schrank / den Schränken dem Bett / den Betten der Matratze / den Matratzen |

→ 9D2, 9D3   SITUATIVERGÄNZUNG

Direktivergänzung: Präposition mit Substantiv im Akkusativ

Wohin legt sie das Geld?

Sie legt das Geld

| in an auf unter vor hinter neben zwischen | den Schrank / die Schränke. das Bett / die Betten. die Matratze / die Matratzen. |

DIREKTIVERGÄNZUNG

Ü 1

Ergänzen und antworten Sie

Beispiel: Wo war**st** du? – Ich **war** in London. – Und Peter? Wo **war der?**
Was hatt**est** du? – Ich **hatte** Zahnschmerzen. – Und Nancy? Was **hatte die?**

Aufgabe: Woher kam . . . . . du? – Ich . . . . . gerade aus der Kirche. – Und Peter? Woher . . . . .?
Wohin fuhr . . . . . du? – Ich . . . . . nach Hause. – Und Nancy? Wohin . . . . .?
Was sagt . . . . . du? – Ich . . . . . gar nichts. – Und Madeleine? Was . . . . .?
Was aß . . . . . du? – Ich . . . . . eine Suppe. – Und Mustafa? Was . . . . .?
Was antwortet . . . . . du? – Ich . . . . . "ja". – Und deine Frau? Was . . . . .?
Was sucht . . . . . du? – Ich . . . . . meine Brieftasche. – Und dein Freund? Was . . . . .?
Was kauft . . . . . du? – Ich . . . . . eine Flasche Whisky. – Und dein Mann? Was . . . . .?
Was trank . . . . . du? – Ich . . . . . ein Bier. – Und Frau Boulden? Was . . . . .?
Was schrieb . . . . . du? – Ich . . . . . einen Brief. – Und deine Freundin? Was . . . . .?
Was las . . . . . du? – Ich . . . . . die Zeitung. – Und Herr Santos? Was . . . . .?
Wem half . . . . . du? – Ich . . . . . meinem Freund. – Und deine Frau? Wem . . . . .?

Ü 2

Ergänzen Sie

Beispiel: Vorige Woche sind wir in Rom **gewesen.**
Aufgabe: Vorige Woche sind wir in Rom . . . . . Wir haben den Flug um acht Uhr . . . . . Die Maschine hat bis Rom nur drei Stunden . . . . . Wir sind mit dem Bus in die Stadt . . . . . Dort sind wir . . . . . Wir sind dann in eine Boutique . . . . . und haben Schuhe . . . . . Dann haben wir eine Pizza . . . . . und Wein . . . . . Danach sind wir ziemlich müde . . . . . Ich habe meiner Frau noch das alte Rom . . . . . Am nächsten Tag haben wir noch einen Anzug, ein Kleid, zwei Mäntel, zwei Hemden, fünf Krawatten und einen Koffer . . . . . Und was hat das alles . . . . .?

Ü 3

Fragen Sie

Beispiel: Ich bin mit der U-Bahn gefahren. – (a) **Wer ist mit der U-Bahn gefahren?**
(b) **Bist du wirklich mit der U-Bahn gefahren?**

Aufgabe: Ich bin zehn Stunden im Kino gewesen. – Ich habe keine Zeit gehabt. – Ich habe zwei Flaschen Wein getrunken. – Ich bin nach New York geflogen. – Ich habe ein Haus gekauft. – Ich habe fünfzig Briefe geschrieben. – Ich bin durch den Rhein geschwommen. – Ich habe zwei Jahre lang gewartet. – Ich habe eine Woche lang nichts gesagt. – Ich habe tausend Mark gebraucht. – Ich habe keine Angst gehabt. – Ich habe an einem Tag zehn Bücher gelesen. – Ich habe fünf Stunden lang gesungen. – Ich habe kein Wort gesprochen. – Ich bin in fünf Stunden fünfzig Kilometer gelaufen. – Ich habe einen Tag lang meine Hose gesucht.

Ü 4

Antworten Sie

Beispiel: Trink doch einen Kognak! – **Nein, ich habe schon einen getrunken.**

Aufgabe: Iß doch ein Stück Kuchen! – Sing doch ein Lied! – Frag doch deinen Lehrer! – Sag doch auch mal etwas! – Hilf mir doch einmal! – Lies doch mal ein Buch! – Fahr doch mal nach Berlin! – Flieg doch mal nach Paris! – Antworte doch mal! – Kauf dir doch ein neues Auto! – Sprich doch mal mit ihr! – Zeig ihnen doch mal Hamburg-Sankt Pauli! – Lauf doch ein paar Kilometer!

Ü 5

Ergänzen Sie

Beispiel: Ich habe dir nicht wehtun wollen. – **Ich habe das nicht gewollt.**

Aufgabe: Ich habe dich nicht fragen wollen. – Wir haben ihm nicht helfen können. – Die Römer haben Germanien nicht erobern können. – Du hast nicht weitertrinken müssen. – Sie hat das Auto nicht kaufen sollen. – Ihr habt nicht antworten müssen. – Ich habe nicht zwei Jahre warten wollen. – Wir haben nicht lange suchen wollen. – Er hat nicht nach Paris fahren dürfen. – Sie haben ihre Wohnung nicht zeigen wollen. – Er hat nicht nach Hause kommen dürfen. – Du hast mir den Mantel nicht kaufen müssen.

Ü 6

Fragen und antworten Sie

Beispiel: (der Fotoapparat: der Schrank):

    (a) **Wohin hast du meinen Fotoapparat gelegt? – In den Schrank.**

    (b) **Und wo liegt er jetzt? – Immer noch in dem Schrank.**

Aufgabe: (die Bilder: der Tisch); (die Zeitung: die Tasche); (die Krawatte: der Koffer); (der Pa: die Brieftasche); (die Bücher: das Regal); . . . . .

Ü 7

Antworten Sie

Beispiel: Wohin geht ihr? – **In den Dom / Ins Museum / In die Kirche.**

    Wo seid ihr gewesen? – **Im Dom / Im Museum / In der Kirche.**

Aufgabe: Wo seid ihr gewesen? (Gasthaus). – Wohin geht ihr? (Kino). – Wo seid ihr gewesen? (Bahnhof). – Wo seid ihr gewesen? (Rathaus). – Wohin geht ihr? (Stadt). – Wo seid ihr gewesen? (Post). – Wo seid ihr gewesen? (Auto). – Wohin geht ihr? (Bett). – Wohin geht ihr? (Büro). – Wo seid ihr gewesen? (Zug). – . . . . .

Ü 8

Fragen und antworten Sie

Beispiel: (Bahnhof):

    Wohin geht ihr? – (a) **Wir gehen zum Bahnhof / zum Gasthaus.**

    (b) **Wir gehen in den Bahnhof / ins Gasthaus.**

Aufgabe: (Gasthaus); (Dom); (Museum); (Kirche); (Kino); (Rathaus); (Post); (Büro); (Bett); . . . . .

Ü 9

Bilden Sie Sätze

VERB	NOMINATIV-ERGÄNZUNG	AKKUSATIV-ERGÄNZUNG	DIREKTIV-ERGÄNZUNG	SITUATIV-ERGÄNZUNG
legen +NOM +AKK +DIR	PERS. PR	PERS. PR	*wohin?* –	*wo?* –
liegen +NOM +SIT	POSS. PR+SUBST	POSS. PR+SUBST	in an auf unter vor hinter neben zwischen zu + ? } + ?	in an auf unter vor hinter neben zwischen } + ?
gehen +NOM +DIR	ART+SUBST	ART+SUBST		
sein +NOM +SIT				

Beispiele: (a) Wohin hast du meine Brille gelegt? – Ich habe sie auf deinen Schreibtisch gelegt.
    (b) Wohin geht ihr? – Wir gehen in das Museum.
    (c) Wo ist / liegt meine Brille? – Sie liegt auf deinem Schreibtisch.
    (d) Wo seid ihr gewesen? – Wir sind im Museum gewesen.

Sichere Arbeitsplätze und gutes Einkommen

Frankfurter Stadt Jllus

1

Presse- und Informationsamt der Stadt Frankfurt am Main, Römerberg 32

Es ist unbestreitbar: Frankfurt ist die wirtschaftliche Hauptstadt der Bundesrepublik. Die Arbeitsplätze sind hier so sicher wie in keiner anderen gleich großen Stadt. Eine gesunde Mischung an krisenfesten Groß- und Mittelbetrieben sorgt dafür, daß Frankfurt mit 3,3 Prozent die niedrigste Arbeitslosenquote hat. Aber in Frankfurt gibt es nicht nur sichere Arbeitsplätze. In unserer Stadt wird auch gut verdient. Wer hier arbeitet, hat am Monatsersten viel mehr Lohn und Gehalt in der Tasche als der Durchschnittsverdiener in der Bundesrepublik.

Hier einige der Tatsachen, die die wirtschaftliche Kraft der Stadt in der Bundesrepublik deutlich machen:

Frankfurt hat

● die höchste Erwerbsdichte, das ist das Verhältnis von Beschäftigten zur Einwohnerzahl
● die höchste PKW-Dichte
● das dichteste Telefonnetz
● den größten Flughafen und Bahnhof
● die meisten Banken, Reiseunternehmen, Werbegesellschaften, Fluggesellschaften
● die meisten Spitzenverbände der Wirtschaft und Hauptvorstände der Gewerkschaften.

Jürgen Roth

Z. B. FRANKFURT: DIE ZERSTÖRUNG EINER STADT

1961 wohnten noch 18 000 Menschen in der Innenstadt, 1971 waren es nur noch 14 000 Menschen, darunter 4000 Ausländer, 1974 sank die Zahl der Bewohner auf 12 000, in einzelnen Straßenbezirken lebten inzwischen bis zu 35 Prozent Ausländer. Mehr als 20 Prozent aller Bewohner sind älter als 60 Jahre, und fast 80 Prozent aller Haushalte sind kinderlos. Schon jetzt zeigen sich die Auswirkungen des Bevölkerungsrückganges in einer Verödung der gesamten City. Tagsüber ist sie allenfalls noch eine Konsumzone, die nach Feierabend durch Leere, Verlassenheit und durch rasende Autos geprägt wird. Trotzdem gibt es noch einige gut erhaltene Wohnbereiche.

Leben in Frankfurt	
+ Vorteile	— Nachteile
gut verdienen	City leer, öde

2 | BERLIN BERLIN BERLIN BERLIN BERLIN BERLIN BERLIN |

Informationen über Berlin:

- Berlin ist 750 Jahre alt.
- Berlin ist nach Bodenfläche (883 qkm) und Einwohnerzahl (rund 3,2 Mill.) die größte Stadt Deutschlands.
- Berlin (West) ist etwa so groß wie Hamburg: 480 qkm, 2,1 Millionen Einwohner.
- Seit über 30 Jahren ist Berlin eine geteilte Stadt.
- Fast jeder zehnte Bewohner Berlins ist Ausländer.
- Fast jeder dritte Berliner ist über 60 Jahre alt.
- Von den Arbeitenden sind fast 50% Frauen.
- Zwischen 1961 und 1975 zogen über 300 000 Westdeutsche nach Berlin.
- In Berlin gibt es 67 000 Studenten (1975).
- Berlin hat als Kulturstadt internationalen Ruf. Es gibt in Berlin 17 Theater, die Deutsche Oper, das Philharmonische Orchester, die Festwochen, die Internationalen Filmfestspiele und berühmte Museen.

① Gedächtniskirche und City ② Checkpoint Charlie ③ Autoverkehr in den 30er Jahren ④ Philharmonie

⑤ Kongreßhalle ⑥ Kneipe ⑦ Wannsee

Tiere in der Wohnung? 1

−	+
Tiere leben lieber auf dem Land. werden schnell größer.	Menschen haben mehr Unterhaltung. sind weniger einsam. . . . .

2

○ Von Berlin nach Hamburg? Das ist ziemlich weit.
  Fahren Sie mit dem Auto?
● Nein, mit der Bahn; finde ich angenehmer und bequemer.
○ Ist aber langweiliger.
● Wieso? Man kann lesen, was essen, herumlaufen, schlafen.
○ Warum fliegen Sie nicht? Das geht am schnellsten.
● Das ist aber auch am teuersten!

FLUGZEUG	ZUG	AUTO
am schnellsten am teuersten	angenehmer bequemer macht nicht müde	Pause machen/ anhalten unabhängiger . . . .

3

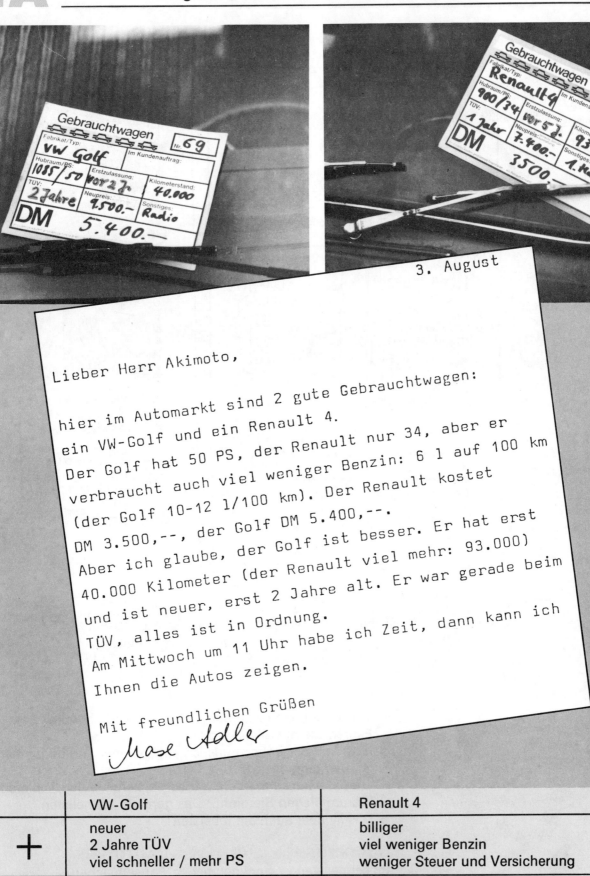

Gebrauchtwagen Nr. 69
Fabrikat/Typ: VW Golf
Im Kundenauftrag:
Hubraum/PS: 1085 / 50   Erstzulassung: vor 2 J.
TÜV: 2 Jahre   Kilometerstand: 40.000
Neupreis: 9.500,-   Sonstiges: Radio
DM 5.400.-

Gebrauchtwagen Nr. 22
Fabrikat/Typ: Renault 4
Im Kundenauftrag:
Hubraum/PS: 900 / 34   Erstzulassung: vor 5 J.
TÜV: 1 Jahr   Kilometerstand: 93.000
Neupreis: 7.400,-   Sonstiges: 1. Hand
DM 3.500.-

3. August

Lieber Herr Akimoto,

hier im Automarkt sind 2 gute Gebrauchtwagen:
ein VW-Golf und ein Renault 4.
Der Golf hat 50 PS, der Renault nur 34, aber er
verbraucht auch viel weniger Benzin: 6 l auf 100 km
(der Golf 10-12 l/100 km). Der Renault kostet
DM 3.500,--, der Golf DM 5.400,--.
Aber ich glaube, der Golf ist besser. Er hat erst
40.000 Kilometer (der Renault viel mehr: 93.000)
und ist neuer, erst 2 Jahre alt. Er war gerade beim
TÜV, alles ist in Ordnung.
Am Mittwoch um 11 Uhr habe ich Zeit, dann kann ich
Ihnen die Autos zeigen.

Mit freundlichen Grüßen

Mase Adler

	VW-Golf	Renault 4
+	neuer 2 Jahre TÜV viel schneller / mehr PS	billiger viel weniger Benzin weniger Steuer und Versicherung
—	teurer mehr Benzin mehr Steuer und Versicherung	älter TÜV nur 1 Jahr langsamer / weniger PS

Neugeborene Kinder auf 1000 Einwohner		4
Bundesrepublik		
Deutschland	1977	9,4
DDR	1977	13,2
DDR	(1975)	(10,8)
Luxemburg	1975	11,2
Österreich	1976	11,6
Schweden	1976	12,0
Belgien	1975	12,2
Schweiz	1975	12,3
Großbritannien	1975	12,4
Niederlande	1975	13,0
Norwegen	1976	13,3
Frankreich	1976	13,6
Finnland	1976	14,0
Dänemark	1975	14,2
Vereinigte Staaten	1976	14,7
Italien	1975	14,8
Griechenland	1975	15,7
Ungarn	1976	17,5
Jugoslawien	1975	18,1
Sowjetunion	1975	18,2

Quelle: Statistisches Jahrbuch

In Europa sind 3 Länder ungefähr gleich groß:
Die Bundesrepublik Deutschland ist fast so
groß wie Jugoslawien. Jugoslawien hat
255.804 km² und ist nur wenig größer als die
Bundesrepublik (248.131 km²) und als
Großbritannien (244.046 km²).
Aber Jugoslawien hat viel weniger Einwohner
als die beiden anderen Länder (21.560.000).
Die Bundesrepublik hat etwas mehr Einwohner
(61.480.000) als Großbritannien (55.930.000).
Großbritannien liegt etwas weiter nördlich als
die Bundesrepublik.

Welches Land ist	größer kleiner	**?**	Die Bundesrepublik ist größer als Großbritannien, aber kleiner als Jugoslawien.
hat	mehr Einwohner weniger	**?**	Jugoslawien hat viel weniger Einwohner als die Bundesrepublik und Großbritannien.
liegt	weiter nördlich südlich	**?**	Großbritannien liegt weiter nördlich, Jugoslawien liegt weiter südlich als die Bundesrepublik.
			Die Bundesrepublik ist fast so groß wie Jugoslawien. Großbritannien hat fast so viele Einwohner wie die Bundesrepublik.

.....und Ihr Land?

5

Frau Reichel und Herr Ackermann sehen, daß bei Neumanns der Zeitungskasten nicht geleert ist. Herr Ackermann meint, daß Neumanns in Urlaub sind. Aber René sagt, daß das nicht sein kann; denn er sieht, daß die Garage offen ist. Hier stimmt was nicht, und Herr Ackermann schlägt vor, daß sie bei Ford anrufen. Da arbeitet Herr Neumann. Fritz hofft, daß die Sache spannend wird!

Was sehen, sagen, glauben/meinen		Sie sehen, daß der Zeitungskasten nicht geleert **ist**.
		Herr Ackermann glaubt, daß Neumanns in Urlaub **sind**.
Frau Reichel, Herr Ackermann, René, Fritz	**?**	René sagt, daß das nicht sein **kann**.
		Fritz sagt, daß Herr Neumann bei Ford **arbeitet**.
		Herr Ackermann meint, daß sie bei Ford anrufen **müssen**.
		Fritz hofft, daß die Sache spannend **wird**.

Ü 1

Intonation

Der Golf ist teurer.   Der Golf ist teurer als der Renault.

Der Golf ist etwas teurer.

Der Golf ist vìel téurer.

Der neue ist am teuersten.   Der neue ist am teuersten.

Er glaubt, daß Neumanns in Urlaub sind.

Er glaubt, daß Neumanns in Urlaub sind.

Er glàubt, daß Neumanns in Úrlaub sind.

Er glàubt, daß Nèumanns in Úrlaub sind.

Er glàubt, daß Nèumanns in Úrlaub sind.

Sie sehen, daß der Zeitungskasten nicht geleert ist.

René sagt, daß das nicht sein kann.

Fritz sagt, daß Herr Neumann bei Ford arbeitet.

Fritz sagt, daß sie bei Ford anrufen müssen.

Fritz sagt, daß die Sache spannend wird.

Ü 2

Was ist besser?

1. Ein Haus haben – oder – eine Wohnung haben?
2. Wenn die Frau und der Mann arbeiten – oder – nur einer?
3. In der Stadt wohnen – oder – auf dem Lande wohnen?
4. Zu Hause Urlaub machen – oder – in Urlaub fahren?
5. Eine große Familie haben – oder – gar keine Kinder haben?
6. Mit dem Auto in die Stadt fahren – oder – den Bus nehmen?
7. Im Gasthaus zu Mittag essen – oder – zu Hause zu Mittag essen?
8. Zigaretten rauchen – oder – Zigarren rauchen – oder gar nicht rauchen?
9. Plattenspieler und Platten kaufen – oder – Bücher kaufen?
10. Mit dem Flugzeug in Urlaub fliegen – oder – mit dem Auto fahren?

	+	−
1. Haus	mehr Ruhe	teurer . . . . mehr Arbeit . . . .
Wohnung	. . . .	. . . .
2. Frau und Mann	. . . .	. . . .
nur einer	. . . .	. . . .

Ü3

Gebrauchtwagen!

Vergleichen Sie die Wagen nach Preis, Erstzulassung, Kilometerstand, TÜV und "Sonstiges":

Fabrikat/Typ: *Audi 80GL*		9,3 ℓ / 100 km	
Hubraum/PS: *1600 / 85*	Erstzulassung: *vor 2½ Jahren*		Kilometerstand: *56.000*
TÜV: *1½ Jahre*	Neupreis: *15.000,–*	Sonstiges: *4 Türen, Radio*	
DM *11.000,–*			

Fabrikat/Typ: *Opel Rekord*		11 ℓ / 100 km	
Hubraum/PS: *1900 / 95*	Erstzulassung: *vor 1½ Jahren*		Kilometerstand: *25.000*
TÜV: *6 Monate*	Neupreis: *16.000,–*	Sonstiges: *1. Hand*	
DM *14.000,–*			

Fabrikat/Typ: *Ford Escort*		9,5 ℓ / 100 km	
PS: *55*	Erstzulassung: *vor 5 Jahren*		Kilometerstand: *85.000*
TÜV: *1 Jahr*	Neupreis: *11.000,–*	Sonstiges: *Leichter Unfall*	
DM *3.000,–*			

Ü4

Ausspracheübung

-[tən] → -[tn̩] am größten, am längsten, am weitesten, am besten

[–t+d–]   er sieht, daß –;   er sagt, daß –;   er glaubt, daß –

[–s+d–]   er weiß, daß –

Ü 5

Ausspracheübung

[a] ‡ [ɛ]   alt: älter,   lang: länger,   stark: stärker
[o:] ‡ [ø:]   groß: größer
[ʊ] ‡ [ʏ]   dumm: dümmer
[ə] ‡ [ɐ]   schnell: schnelle: schnellere: schnellerer

-[ç] ‡ -[g]-   billig: billiger,   langweilig:·langweiliger,   wenig: weniger
-[ç] = -[ç]-   niedlich: niedlicher
-[ç] = -[ç]-   billig: am billigsten,   niedlich: am niedlichsten

Ü 6

Nimm / Nehmen Sie . . . . .

(schnell) : Nimm doch den Zug um 8.10 Uhr, *der ist schneller.*
Nimm doch den VW (billig). – Nimm doch diesen Hut (hübsch). – Nimm doch diesen Koffer (groß). – Nimm doch diesen Anzug (teuer). – Nehmen Sie diesen Vogel (alt). – Nehmen Sie einen Mercedes (groß). – Nehmen Sie das Zimmer mit Bad (bequem). – Nimm doch diesen Mantel (warm). – Nimm doch diesen Pullover (schön). – . . . . .

Ü 7

Was meinen Sie: Was passiert hier?

①

④

②

⑤

③

⑥

1 Rocko und Rocka

Kennen Sie Rocko noch?
Rocko hat jetzt eine Freundin, sie heißt Rocka.
Rocka ist Miss Universum:
Sie ist das schönste Mädchen, das es im ganzen Universum gibt.
Keine andere Frau ist so schön wie sie. Sie hat die längste Nase, eine
Nase, die viel länger ist als jede andere Nase und mit der sie viel
besser riechen kann als jede andere Frau.
Sie hat auch die größten Augen — Augen, mit denen sie besser sehen
kann als irgendein Mensch und mit denen sie sogar nach hinten
sehen kann.
Und dann ihre Arme! Sie sind viel dünner als Menschenarme, fast so
dünn wie Bleistifte. Ihr Bauch aber ist dick, deshalb ist Rocka fast so
dick wie groß.
Und dann ihre wunderbar kurzen Beine, die kürzer sind als alle
Menschenbeine! Schön sind auch ihre Füße, die fast so lang (oder so
kurz?) sind wie ihre Beine.
Das beste aber ist ihre Hautfarbe, die so wunderbar blau ist, noch blauer als der Himmel. Nun sagen
Sie selbst: Kennen Sie eine Frau, die so tiefblau ist? Das also ist Rocka, die Rocko liebt (und
umgekehrt).

Denn auch Rocko gibt es nur einmal!
Niemand kann langsamer laufen als er, niemand kann kleinere Sprünge machen als er, niemand hat
so wenig Kraft wie er.
Rocko kann am längsten nichts tun und weniger arbeiten als alle anderen. Schließlich kennt er die
langweiligsten Geschichten, bei denen man wunderbar schlafen kann.
Am besten aber findet Rocka, daß niemand weniger Geld hat als Rocko und daß niemand so schön
blau ist wie er.
Rocko ist der schwächste, faulste, ärmste und blauste von allen. Und das findet Rocka wunderbar!

**Nun sagen Sie selbst: Kennen Sie einen Mann, der so schwach, so faul, so arm und so
blau ist?**

2 Was ist so besonders an .....

..... Rocka?

Sie hat die längste Nase.

Sie kann besser sehen als
jede andere Frau.

Sie ist dicker als jede
andere Frau.

. . . .

..... Rocko?

Niemand kann langsamer laufen als er!

Niemand hat so wenig Kraft wie er!

Er ist der ärmste von allen!

. . . .

1. Adjektiv: Steigerung

1.1. "Regelmäßige" Formen

Positiv	klein — —	groß — —	laut — —	— —
Komparativ	klein — **er**	größ — **er**	laut — **er**	— **er**
Superlativ	am klein — **st** — en (der, die, das) klein — **st** — e	am größ — **t** — en (der, die, das) größ — **t** — e	am laut — **est** — en (der, die, das) laut — **est** — e	— **st**

Genauso:		
	wenig	weit
	niedlich	schlecht
	einsam	nett
	angenehm	hübsch
	langweilig	
	schnell	
	schön	
	voll	
	hell	
	billig	

Variante: teu**er** — er / teur — er

1.2. "Unregelmäßige" Formen

Positiv	gut	viel	gern
Komparativ	besser	mehr	lieber
Superlativ	am besten (der, die, das) beste	am meisten (der, die, das) meiste	am liebsten (der, die, das) liebste

2. Vergleichssätze

2.1. mit Adjektiv im Positiv

Die Bundesrepublik ist fast so groß wie Großbritannien.

Großbritannien hat fast so viele Einwohner wie die Bundesrepublik.

Der VW sieht fast so gut wie der Mercedes aus.

> X — **so** + ADJ im **Positiv** + **wie** — Y

2.2. mit Adjektiv im Komparativ

Großbritannien ist (etwas) kleiner als die Bundesrepublik.

Die Bundesrepublik hat (etwas) mehr Einwohner als Großbritannien.

Der Mercedes sieht (etwas) besser als der VW aus.

> X — ADJ im **Komparativ** + **als** — Y

2.3. mit Adjektiv im Superlativ

Die Bundesrepublik ist größer als Großbritannien.
    X — ADJ im Komparativ + als — Y
Die Bundesrepublik ist kleiner als Jugoslawien.
    X — ADJ im Komparativ + als — Z

      → Großbritannien ist am kleinsten.
        X — ADJ im Superlativ

Die Bundesrepublik hat mehr Einwohner als Großbritannien.
    X — ADJ im Komparativ + als — Y
Die Bundesrepublik hat mehr Einwohner als Jugoslawien.
    X — ADJ im Komparativ + als — Z

      → Die Bundesrepublik hat die meisten Einwohner.
        X — ADJ im Superlativ + Substantiv

3. Nebensätze mit ''daß''

3.1. Die Konjunktion ''daß''

Herr Ackermann glaubt, **daß** Neumanns in Urlaub sind.
René meint, **daß** das nicht sein kann.
Er sieht, **daß** die Garage offen ist.
Fritz sagt, **daß** Herr Neumann bei Ford arbeitet.

→ sehen,
glauben,
meinen,   **daß** . . . . .
sagen,
. . . . .,

3.2. Stellung des Verbs

Herr Ackermann glaubt, **daß** Neumanns in Urlaub **sind**.
Fritz sagt,   **daß** Herr Neumann bei Ford **arbeitet**.

Hauptsatz Konjunktionalsatz: Verb an letzter Stelle

→ 9D4

3.3. Der Satz als Akkusativergänzung

Sie sehen: Die Garage ist offen.   Fritz sagt: ''Herr Neumann arbeitet bei Ford''.
Sie sehen, daß die Garage offen ist.   Fritz sagt, daß Herr Neumann bei Ford arbeitet.

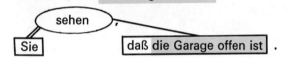

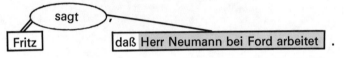

Ü 1

Antworten Sie

Beispiel: (Hunde: Katzen): Mögen Sie auch gern Hunde? – **Nein, ich mag lieber Katzen.**
Aufgabe: (Kaffee: Tee): Trinken Sie auch gern Kaffee? – (Bahn: Auto): Fahren Sie auch gern mit der Bahn? – (Beat: Rock'n'Roll): Hören Sie auch gern Beat? – (Beethoven: Mozart): Hören Sie auch gern Beethoven? – (große und teure Autos: kleine und billige Autos): Mögen Sie auch gern große und teure Autos?

Beispiel: Wie gefällt dir mein neuer Hut? – **Ganz gut, aber dein alter gefiel mir besser.**
Wie findest du meinen neuen Hut? – **Ganz gut, aber deinen alten fand ich besser.**
Aufgabe: Wie gefällt dir mein neuer Wagen? – Wie findest du meine neue Wohnung? – Wie gefällt dir mein neuer Freund? – Wie findest du mein neues Büro? – Wie gefällt dir mein neuer Tisch? – Wie findest du meine neue Freundin? – Wie gefällt dir mein neues Zimmer?

Ü 2

Ergänzen Sie

Beispiel: Autos sind ja schon laut; Motorräder sind **noch lauter**; aber **am lautesten** sind die Mopeds.
Aufgabe: Ich bin ja schon alt; du bist . . . . .; aber . . . . . ist Peter. – Mit dem Auto geht es ja schon schnell; mit der Bahn geht es . . . . .; aber . . . . . geht es mit dem Flugzeug. – Nach Rom ist es ja schon weit; nach New York ist es . . . . .; aber . . . . . ist es nach Tokio. – Mir geht es ja schon schlecht; dir geht es . . . . .; aber . . . . . geht es unserem Freund hier. – Wein trinke ich ja schon gern; Bier trinke ich . . . . .; aber . . . . . trinke ich Milch. – Dich finde ich ja schon schön; deine Freundin finde ich . . . . .; aber . . . . . finde ich mich selbst. – Dein Bruder ist ja schon langweilig; deine Schwester ist . . . . .; aber . . . . . bist du selbst. – . . . . .

Ü 3

Ergänzen und antworten Sie

Beispiel: Brauchst du **viel** Geld? – **Nicht mehr als du!**
Aufgabe: Hast du . . . . . Zeit? – Rauchst du . . . . .? – Du ißt und trinkst aber . . . . . – Du redest ziemlich . . . . . – Du hast aber . . . . . Geld! – Du brauchst aber . . . . . Platz! – Hilfst du deiner Frau auch . . . . .? – . . . . .

Ü 4

Ergänzen Sie

Beispiel: (teuer) : (gut) : Die **teuersten** Autos sind nicht immer **die besten.**

Aufgabe: (billig) : (schlecht) : Die . . . . . Autos sind nicht . . . . . – (groß) : (einsam) : Die . . . . . Männer sind oft
. . . . . – (schnell) : (gut) : Die . . . . . Entschlüsse sind oft . . . . . – (laut) : (lieb) : Die . . . . . Kinder sind
oft . . . . . – (alt) : (gut) : Die . . . . . Freunde sind meistens . . . . . – (klein) : (schön) : Die . . . . . Freuden
sind oft . . . . . – (schön) : (langweilig) : Die . . . . . Frauen sind oft . . . . . – . . . . .

Ü 5

Vergleichen Sie

Beispiel: Mainz – Köln – Hamburg : groß
   (a) **Mainz ist ziemlich groß; Köln ist größer; Hamburg ist noch größer; Hamburg ist am größten
      (von den dreien).**
   (b) **Mainz ist nicht so groß wie Köln; aber Hamburg ist größer als Köln.**

Aufgabe: Berlin – London – Paris : schön. – Die Bundesrepublik – Holland – Luxemburg : klein. – VW – Ford – Mercedes : teuer. – Auto – Zug – Flugzeug : schnell. – Die Nachrichten – das Buch – das Kino : langweilig. –
Peter – Fritz – René : nett. – . . . . .

Ü 6

Sagen Sie das anders

Beispiel: Herr Ackermann sagt: Neumanns sind in Urlaub. – **Herr Ackermann sagt, daß Neumanns in Urlaub
sind.**

Aufgabe: Fritz sieht: Die Tür ist offen. – Frau Schulze sagt: Sie mag Katzen lieber als Hunde. – Peter meint: Der VW
ist besser. – Herr Huber glaubt: Bayern ist am schönsten. – Ich hoffe: Die Übung ist bald zu Ende. Du siehst:
Ich bin nicht betrunken. – Die Polizei glaubt: Ich kann nicht mehr fahren. – . . . . .

1 Die Bundesrepublik und ihre Nachbarn

DÄNEMARK
(Kongeriget Danmark)
Fläche: 43 069 qkm — **Einwohner:** 5 070 000 = 117,6 je qkm — Über 75 % städt. Bevölkerung — **BSP** 1974: 32 470 Mill. $, je E. 6920 $

NIEDERLANDE
(Königreich der Niederlande; Koninkrijk der Nederlanden)
Fläche: 40 844 qkm (mit 7352 qkm Binnengewässern) — **Einwohner:** 13 770 000 = 337,5 je qkm (Bevölkerungsdichte der Landfläche ohne Binnengewässer: 411,0) — Rund 78 % städt. Bevölkerung — **BSP** 1974: 71 120 Mill. $, **je E. 5590 $**

DEUTSCHE DEMOKRATISCHE REPUBLIK/DDR
Fläche: 108 178 qkm (ohne Ost-Berlin 107 775 qkm) — **Einwohner:** 16 786 057 = 155 je qkm (einschl. Ost-Berlin: 46,5 % männlichen, 53,5 % weibl. Geschlechts) — 24,7 % der Bevölkerung leben in Orten mit weniger als 2000, 20,5 % in Städten mit über 100 000 Einwohnern (1976) — **BSP** 1974: 62 710 Mill. $, je E. 4230 $

BELGIEN
(Königreich Belgien; franz.: Royaume de Belgique, niederl.: Koninkrijk België)
Fläche: 30 513 qkm — **Einwohner:** 9 890 000 = 324,2 je qkm — Über 87 % städt. Bevölkerung — **BSP** 1974: 55 430 Mill. $, je E. 6070 $

TSCHECHOSLOWAKEI
(Tschechoslowak. Sozialst. Rep.; Ceskoslovenská socialistická republika/ČSSR)
Fläche: 127 869 qkm — **Einwohner:** 14 976 000 = 116,9 je qkm — 32 % d. Gesamtbevölkerung leben i. d. Slowakei (49 014 qkm) — Über 67 % städt. Bevölkerung — **BSP** 1974 48 860 Mill. $, je E. 3710 $

LUXEMBURG
(Großherzogtum Luxemburg; Grand-Duché de Luxembourg; Grousherzogdem Lezebuurg)
Fläche: 2586,4 qkm — **Einwohner:** 360 000 = 139,2 je qkm — 70 % städt. Bevölkerung — **BSP** 1974: 2180 Mill. $; je E. 6050 $

FRANKREICH
(Französische Republik; République Francaise)
Fläche: 547 026 qkm (m. Korsika: 8682 qkm u. 289 842 Einw. 1975, aber ohne Übersee-Departments) — **Einwohner:** 52 920 000 = 96,7 je qkm — Über 70 % städt. Bevölkerung — **BSP** 1974: 285 780 Mill. $, je E. 5760 $

SCHWEIZ
(Confoederatio Helvetica, Schweizerische Eidgenossenschaft, franz.: Suisse, ital.: Svizzera, rätoroman.: Svizzra)
Fläche: 41 288 qkm — **Einwohner:** 6 298 000 = 155 je qkm — Rund 54,6 % städt. Bevölkerung — **BSP** 1975 (prov. offiz. Angaben) 54 000 Mill. $, je E. 8430 $

ÖSTERREICH
(Republik Österreich)
Fläche: 83 852 qkm — **Einwohner:** 7 513 000 = 89,8 je qkm — 52 % städt. Bevölkerung — **BSP** 1974: 33 310 Mill. $, je E. 5406 $

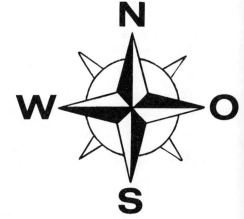

Lesehilfen:
qkm = km² = Quadratkilometer; **E.** = Einwohner
städt. = städtisch = in Städten; **BSP** = Bruttosozialprodukt

● Wie viele Nachbarn hat die Bundesrepublik?
● Wo liegen die verschiedenen Länder (nördlich, südlich, östlich, westlich)?
● Vergleichen **Sie** die verschiedenen Länder:
— Welches ist das größte Land, welches ist das kleinste (Fläche)?
— In welchem Land wohnen die meisten Menschen (Einwohner)?
— Welches Land ist am dichtesten besiedelt (Bewohner je qkm)?
— Welches Land hat am stärksten städtische Bevölkerung?
— Welches Land hatte 1974 das höchste Bruttosozialprodukt? (BSP)
— In welchem Land gab es das höchste BSP je Einwohner (in US-$)?

Über 10 Millionen "Gastarbeiter" in Westeuropa – fast zwei Millionen in der Bundesrepublik

1959: 163 000 ausländische Arbeiter
1973: 2,6 Millionen
1977: 1,9 Millionen

1977: Arbeitnehmer mit Familien:
     4 Millionen Ausländer.

1976: 27,5 % Türken, 16,3 % Jugoslawen,
     14,5 % Italiener, 9 % Griechen, 5,6 % Spanier.

Mehr als ein Fünftel aller Ausländer lebt schon länger als 8 Jahre in der Bundesrepublik.

Über 1 Million Kinder und Jugendliche wohnen in der Bundesrepublik. Fast 500 000 Kinder gehen in deutsche Schulen.
Die meisten Kinder haben große Schwierigkeiten mit der deutschen Sprache. Sie verstehen ihre Lehrer und Mitschüler nicht. Die Eltern können ihnen nicht helfen. Zwei Drittel verlassen die Hauptschule ohne Abschlußzeugnis.
Sie bekommen keine Lehrstelle.

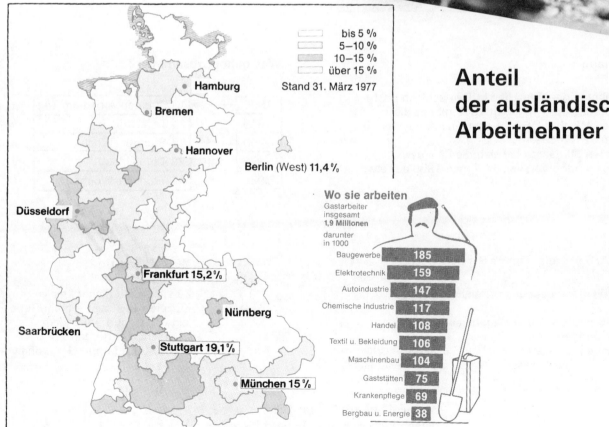

bis 5 %
5–10 %
10–15 %
über 15 %

Stand 31. März 1977

Hamburg
Bremen
Hannover

Berlin (West) 11,4 %

Düsseldorf

Frankfurt 15,2 %

Nürnberg

Saarbrücken

Stuttgart 19,1 %

München 15 %

Anteil der ausländischen Arbeitnehmer

Wo sie arbeiten
Gastarbeiter insgesamt
1,9 Millionen
darunter in 1000

Baugewerbe	185
Elektrotechnik	159
Autoindustrie	147
Chemische Industrie	117
Handel	108
Textil u. Bekleidung	106
Maschinenbau	104
Gaststätten	75
Krankenpflege	69
Bergbau u. Energie	38

1 Urlaub – Ferien – Freizeit

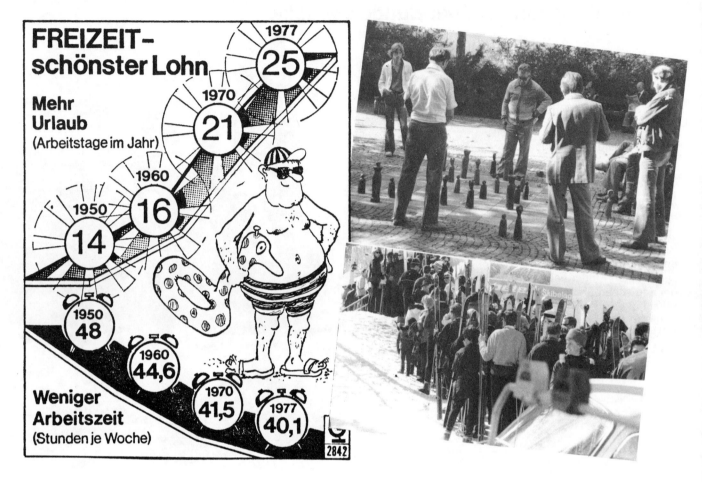

**FREIZEIT-
schönster Lohn**

**Mehr
Urlaub**
(Arbeitstage im Jahr)

1977 **25**
1970 **21**
1960 **16**
1950 **14**

1950 **48**
1960 **44,6**
1970 **41,5**
1977 **40,1**

**Weniger
Arbeitszeit**
(Stunden je Woche)

2842

Mehr Urlaub

1900 arbeiteten die Menschen in Deutschland noch
etwa 13 Stunden pro Tag. Seit 1918 gibt es die
48-Stunden-Woche. 1978 arbeitete man ungefähr 40
Stunden in der Woche.
In den letzten 30 Jahren hat sich die Zahl der
Urlaubstage verdoppelt: von 14 Tagen 1950 auf etwa
28 Tage 1980.

Was gehört zusammen?

1900	13 Stunden Arbeit am Tag
1918	14 Tage Urlaub
1950	48-Stunden-Woche
1978	28 Tage Urlaub
1980	40-Stunden-Woche

Kürzere Arbeitszeit – mehr Streß!

Kürzere Arbeitszeit bedeutet oft mehr Streß am
Arbeitsplatz!
Viele Leute sind herz- und magenkrank und haben
Kreislaufstörungen.
Deshalb sagen die Ärzte: "Machen Sie 'aktiven' Urlaub –
wandern Sie, schwimmen Sie, tanzen Sie – Sport hält sie
gesund!"

Was ist richtig?

ja   nein
⊗   ○   Zu viel Arbeit macht krank
○   ○   Kürzere Arbeitszeit = mehr Ruhe
○   ○   'aktiver' Urlaub = wandern,
            schwimmen, tanzen
○   ○   Sport ist gut für die Gesundheit

— Wieviel Urlaub haben **Sie**?
— Was machen **Sie** in **Ihrem** Urlaub?

Ausgaben für die Freizeit

Die Leute in der Bundesrepublik geben viel Geld für die Freizeit aus:
Von ihrem Einkommen (1977: 25.000 DM pro Familie) fast 4.000 DM (= jede 6. D-Mark).

Ausgaben in der Bundesrepublik:	In **Ihrem** Land?
1. Urlaub	1.
2. Auto	2.
3. Radio / Fernsehen	3.
4. Lektüre	4.
5. Sport / Camping	5.
6. Haustiere / Garten	6.
7. Spiele	7.
8. Theater / Kino	8.
9. Fotografieren / Filmen	9.

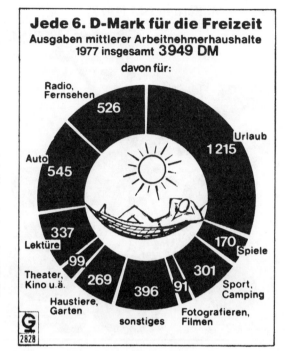

Jede 6. D-Mark für die Freizeit
Ausgaben mittlerer Arbeitnehmerhaushalte
1977 insgesamt **3949 DM**
davon für:

Radio, Fernsehen 526
Urlaub 1215
Auto 545
Lektüre 337
Theater, Kino u.ä. 99
Spiele 170
Haustiere, Garten 269
sonstiges 396
Fotografieren, Filmen 91
Sport, Camping 301

G 2828

Für viele ist Urlaub ein Fremdwort

Acht Millionen Bundesdeutsche haben noch nie eine Ferienfahrt gemacht

STARNBERG — Jede dritte Frau in der Bundesrepublik Deutschland ist in ihrem Leben noch nie oder nur äußerst selten verreist gewesen. Zu diesem Ergebnis kam der Studienkreis für Tourismus in Starnberg. Nach einer eingehenden Analyse kennen gut acht Millionen Bundesbürger das Wort Urlaubsreise nur vom Hörensagen. Bis heute haben sie noch nie eine Ferienfahrt unternommen, die länger als fünf Tage dauerte.

Im vergangenen Jahr sind 21 Millionen der erwachsenen Bundesbürger (das sind 46,3 Prozent) in den Ferien nicht verreist. Rund elf Millionen von ihnen haben überhaupt keinen Urlaub gemacht, sondern durchgearbeitet.

Nach Angaben des Studienkreises konnten zum Beispiel 82 Prozent der selbständigen Landwirte sowie jeweils 40 Prozent der Hilfsarbeiter, Rentner und Hausfrauen in den letzten fünf Jahren nicht verreisen oder waren noch niemals in ihrem Leben auswärts auf Urlaub. Spitzenreiter unter den Touristen sind die leitenden Angestellten und Beamten.

Das steht in dem Artikel:

Absatz 1: Viele Leute in der Bundesrepublik machen keinen Urlaub (8 Millionen; nur jede dritte Frau).

Absatz 2: 1977 ist fast die Hälfte der Erwachsenen nicht weggefahren; 11 Millionen haben keinen Urlaub gemacht.

Absatz 3: Landwirte (= Bauern), Hilfsarbeiter, Rentner und Hausfrauen machen wenig Urlaub. Leitende Angestellte und Beamte machen viel Urlaub.

Vergleichen Sie diese Angaben mit **Ihrem** Land.

4 Deutsche Touristen im Ausland

Ausgaben deutscher Touristen im
Ausland:
über 25 Milliarden DM (1977)

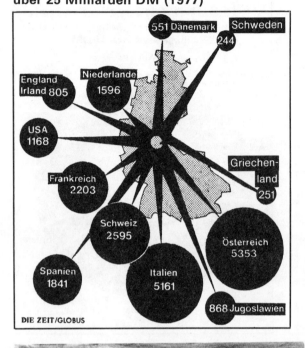

DIE ZEIT/GLOBUS

Die meisten Deutschen fahren im Urlaub ins Ausland (55%).
Sie fahren gerne mit dem Auto (66%).

Wo geben die Deutschen im Urlaub ihr Geld aus?	Wo **Ihre** Landsleute?
1. Österreich	1. . . . .
2. Italien	2. . . . .
3. Schweiz	3. . . . .
4. Frankreich	4. . . . .
5. Spanien	5. . . . .
6. Niederlande	. . . .
7. USA	. . . .
8. Jugoslawien	. . . .
9. England / Irland	. . . .
10. Dänemark	. . . .
11. Griechenland	. . . .
12. Schweden	. . . .

Die Deutschen fahren
gerne in die Berge ▶
◀ und ans Meer.

5 Ausgaben ausländischer Touristen in der Bundesrepublik:
8,83 Milliarden DM (1977)

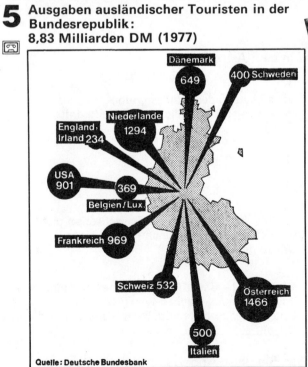

Quelle: Deutsche Bundesbank

— Kennen **Sie**
Deutschland?
— Was interessiert
Sie?

— das "romantische" Deutschland
— der Rhein
— der Schwarzwald

. . . .
. . . .
. . . .

Dreimal Bundesrepublik Deutschland

6

A. Die Länder der Bundesrepublik Deutschland und ihre Hauptstädte

B. Wo ist am meisten Sonne in der Bundesrepublik?

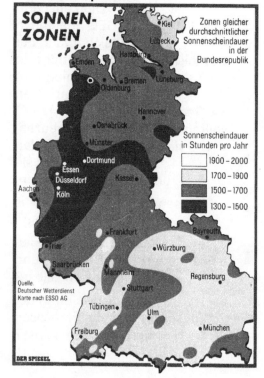

C.

Über die Hälfte der Deutschen würde lieber im Ausland leben

Schweiz liegt auf der Wunschliste an erster Stelle

Hamburg (dpa). Jeder zweite Bundesbürger würde nach einer Umfrage offensichtlich am liebsten im Ausland wohnen, wenn er dazu ohne Schwierigkeiten in der Lage wäre. In einer von der „Quick" in Auftrag gegebenen Umfrage gaben 55,3 Prozent der Befragten einen Wunschwohnsitz außerhalb der Bundesrepublik an.

1100 Personen befragt

Im Oktober war 1100 repräsentativ ausgewählten Bundesbürgern die Frage vorgelegt worden: „Nehmen wir einmal an, sie hätten sehr viel Geld und die Möglichkeit, sich in jedem Land der Erde niederzulassen. In welchem Land würden sie dann ihren Wohnsitz am liebsten nehmen?" Mit 44,7 Prozent wurde die Bundesre-

publik aber insgesamt am häufigsten als Wunschwohnsitz genannt.

Auf dem zweiten Platz folgt die Schweiz mit 12,9 Prozent, vor Spanien und den Vereinigten Staaten mit jeweils 5,4 Prozent. Österreich kommt auf fünf Prozent, Frankreich auf 3,2 Prozent, Kanada auf 2,6 Prozent und Schweden auf 2,4 Prozent. Das beliebte Reiseland Großbritannien liegt mit 0,6 Prozent noch hinter Australien mit 1,7 Prozent.

44,7% gefällt es in der Bundesrepublik, aber:
55,3% – lieber im Ausland

Bundesrepublikaner:			Sie selbst?
1.	Schweiz	12,9%	1.
2.	Spanien	5,4%	2.
3.	USA	5,4%	3.
4.	Österreich	5,0%	4.
5.	Frankreich	3,2%	5.
6.	Kanada	2,6%	6.
7.	Schweden	2,4%	7.
8.	Australien	1,7%	8.
9.	England	0,6%	9.

7 Wie sind die Deutschen?

Die Zeitschrift "DER SPIEGEL" machte in Frankreich und in der Bundesrepublik eine Umfrage. In einer Tabelle mit 14 verschiedenen Eigenschaften und ihren Gegenteilen ("fleißig – faul") sollten die Menschen ankreuzen, wie sie das andere Volk finden und was sie über sich selbst denken.

Lesen Sie bitte das Ergebnis (rechts):

Was denken und sagen **Franzosen** über Deutsche und über sich selbst?

Wie ist die Meinung der **Deutschen** über die Franzosen und über sich selbst?

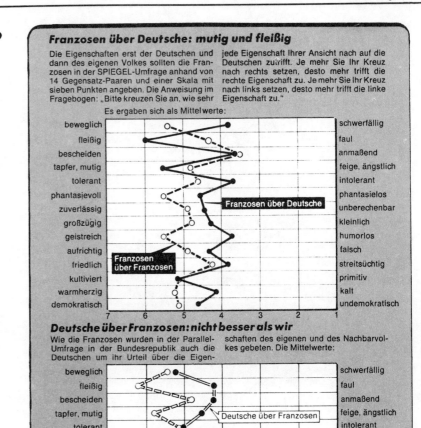

Franzosen über Deutsche: mutig und fleißig

Die Eigenschaften erst der Deutschen und dann des eigenen Volkes sollten die Franzosen in der SPIEGEL-Umfrage anhand von 14 Gegensatz-Paaren und einer Skala mit sieben Punkten angeben. Die Anweisung im Fragebogen: „Bitte kreuzen Sie an, wie sehr jede Eigenschaft Ihrer Ansicht nach auf die Deutschen zutrifft. Je mehr Sie Ihr Kreuz nach rechts setzen, desto mehr trifft die rechte Eigenschaft zu. Je mehr Sie Ihr Kreuz nach links setzen, desto mehr trifft die linke Eigenschaft zu."

Es ergaben sich als Mittelwerte:

Franzosen über Deutsche
Franzosen über Franzosen

Deutsche über Franzosen: nicht besser als wir

Wie die Franzosen wurden in der Parallel-Umfrage in der Bundesrepublik auch die Deutschen um ihr Urteil über die Eigenschaften des eigenen und des Nachbarvolkes gebeten. Die Mittelwerte:

Deutsche über Franzosen
Deutsche über Deutsche

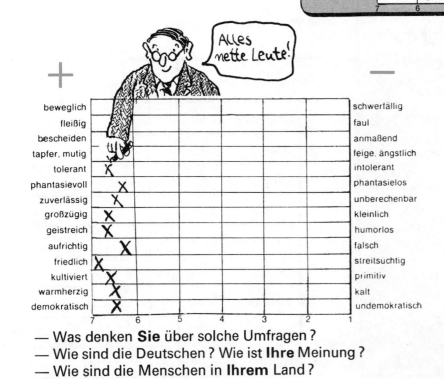

Alles nette Leute!

So ein Quatsch!!

— Was denken **Sie** über solche Umfragen?
— Wie sind die Deutschen? Wie ist **Ihre** Meinung?
— Wie sind die Menschen in **Ihrem** Land?

A. Nur ein Ausländer entdeckte bei den Deutschen Humor

Deutsche sind vor allem fleißig, ordentlich, diszipliniert und genau, doch selten spontan, offen und herzlich. Dieses Meinungsbild hat eine Auswertung der Alexander-von-Humboldt-Stiftung ergeben, die die Erfahrungen von 300 ausländischen Wissenschaftlern zusammenfaßt, die ein Jahr oder länger in der Bundesrepublik Deutschland gelebt haben.

Überwiegend wird das Verhalten der Deutschen gegenüber Ausländern als freundlich, höflich oder hilfsbereit bezeichnet. Doch 20 Prozent der Aussagen sind negativ.

Die Gäste stellten bei den Deutschen Fleiß, Disziplin, Ordnung, Zuverlässigkeit, Genauigkeit und Sparsamkeit fest, aber sie vermißten Phantasie, Flexibilität und Risikofreudigkeit. Sie nannten die Deutschen „ernst, reserviert, verschlossen, unpersönlich, kühl". Die meisten fanden es schwierig, freundschaftliche engere Kontakte mit Deutschen herzustellen.

8

Die Deutschen sind:

fleißig
ordentlich
diszipliniert
genau

freundlich
höflich
hilfsbereit

ernst
reserviert
verschlossen
unpersönlich
kühl

Die Deutschen sind nicht:

spontan
offen
herzlich
phantasievoll
flexibel
risikofreudig

B. Ordnungsliebe und Fleiß bleiben die Haupterziehungsziele

Bonn (dpa)

Ordnungsliebe und Fleiß sind für fast die Hälfte der Bundesbürger auch heute noch die wichtigsten Erziehungsziele. 49 Prozent von 2700 Deutschen, die das Institut für Angewandte Sozialwissenschaft (INFAS) in diesem Jahr befragte, nannten diese beiden Eigenschaften an erster Stelle. Fast ebensoviele Bundesbürger, 46 Prozent, gaben der Erziehung zu Selbständigkeit und freiem Willen Vorrang. Folgsamkeit und Anpassung waren für 24 Prozent die idealen Eigenschaften.

Das Duzen wird immer beliebter

Stuttgart (AZ) — „Sagen wir ‚Du' zueinander?" Unter den Deutschen wird dieser Satz immer beliebter; immer mehr Menschen gehen vom steiferen „Sie" zum vertrauteren „Du" über.

Der Tübinger Kulturwissenschaftler Hermann Bausinger, der dieses „Phänomen" untersuchte, kam zu interessanten Ergebnissen: So empfinden die
1. Studenten beispielsweise das „Du" als Zeichen der Solidarität.
2. Mehr geduzt wird vor allem am Arbeitsplatz. Selbst in den
3. a) Lehrerzimmern, in denen früher stets gesiezt wurde, herrscht heute das „Du" vor.
b) Nur die älteren Lehrkräfte sind oftmals noch „Du-Muffel".
c) Lehrer, die überdies zugelassen haben, von ihren Schülern geduzt zu werden, ernteten zwar kaum Protest von den Eltern, um so mehr aber von den Schulämtern.

4. Nach Ansicht der Wissenschaftler bauen sich jüngere Menschen heute mit dem „Du" schnellere zwischenmenschliche Brücken: „So können wir leichter und besser miteinander umgehen", bekamen die Wissenschaftler oft zu hören.

9

Sagen Sie doch "DU" zu mir!

Wie verhalten sich

1. Studenten: . . . .
2. Leute am Arbeitsplatz: . . . . . .
3. Lehrer
    a) Lehrer-Lehrer: . . . .
    b) ältere Lehrer-Lehrer: . . . . . .
    c) Lehrer-Schüler: . . . .

4.

Wie ist das in **Ihrem** Land ?

10 Die Deutschen und ihr heißgeliebter Fernseher

Dienstag, 19. September

📡 1. Programm

16.10 **Tagesschau**
16.15 **Ein Bestseller wird gemacht.** Zum Beispiel: Michael Burk. Am Beispiel des Bestseller-Autors Michael Burk („Keine Stunde zuviel", „Träume haben ihren Preis") untersucht der Film, ob Bucherfolge durch gewiefte Verkaufspsychologen von vornherein kalkuliert werden können.
17.00 **Der heimliche Teilhaber.** Fernsehfilm nach der Erzählung von Josef Conrad
17.20 **Das Haus der Krokodile**
17.50 **Tagesschau**
18.00 **Abendschau aktuell**
18.20 **Pinocchio.** Pinocchio wird in einen Esel verwandelt
19.30 **Abendschau**
20.00 **Tagesschau**
20.15 **Was bin ich?**
21.00 **Report**
21.45 **Detektiv Rockford: Anruf genügt.** Böcke und Schafe
22.30 **Tagesthemen**
23.00 **Kris Kristofferson und Rita Coolidge.** Ausschnitte aus einem Konzert in der Jahrhunderthalle Frankfurt-Hoechst
23.45 **Tagesschau**

👁 2. Programm

16.30 **Mosaik**
17.00 **Heute**
17.10 **Technik für Kinder.** Radar – die unsichtbare Straße
17.40 **Die Drehscheibe**
18.20 **Märchen der Völker**
18.35 **Tarzan, Herr des Dschungels**
19.00 **Heute**
19.30 **Alfred Hitchcock: Die 39 Stufen.** Engl. Spielfilm (1935). anschließend: **Ratschlag für Kinogänger.** Mel Brooks' „Höhenkoller", vorgestellt von Elvira Reitze
21.00 **Heute-Journal**
21.20 **Streitfall: Der Radikalenbeschluß.** oder Wer darf Beamter werden? Dokumentation von Joachim Holtz. Am 28. Januar 1972 vereinbarten der damalige Bundeskanzler Willy Brandt und die Ministerpräsidenten der Länder Richtlinien, die dazu dienen sollten, politische Extremisten aus dem öffentlichen Dienst fernzuhalten. Über die Anwendung dieser Vorschriften ist es zum Streit gekommen.
22.00 **Apropos Film.** Aktuelles aus der Filmbranche
22.45 **Jazz im ZDF. Art Blakey's Jazz Messengers.** Festival Selection Dortmund '77
23.40 **Heute**

Ⓘ 3. Programm

17.15 **Schulfernsehen.** Lehrerkolleg.
17.45 **Telekolleg. Biologie (1)**
18.45 **Bayern heute**
18.55 **Nachrichten**
19.00 **Die Geschichte des Rittmeisters Schach von Wuthenow.** Nach einer Novelle von Theodor Fontane
20.20 **Nachrichten**
20.35 **Jugendmusik. Musik-Extras (1).**
21.20 **Spiegelbilder des Lebens.** Aus der Geschichte der Photographie. Seit 150 Jahren gibt es die Photographie. Aus diesem Anlaß soll der Film die technische und künstlerische Entwicklung der Photographie von den Anfängen bis heute zeigen. In einer lockeren Rahmenhandlung werden die wichtigsten Stationen dieser Entwicklung nachvollzogen. Ein Photograph (Ernst Craemer) und sein Modell (Alexandra Bogojevic) führen durch den Film. Mit Originalapparaturen der jeweiligen Zeit macht der Photograph authentische Aufnahmen von der Daguerrotypie bis zum modernen Sofortbild. An Hand zahlreicher historischer Photos erläutert er die entscheidenden Abschnitte, die die Entwicklung der Photographie markieren.
22.05 **Nachrichten;** anschl. **Wahlheimat:** Klaus Lichtenberg – ein deutscher Farmer in Südwestafrika

Ungefähr 2000 Stunden Freizeit hat der deutsche Bundesbürger im Jahr. Allein 750 Stunden davon sitzt er vor dem Fernseher, so sagt die Statistik.

Das Fernsehen in der Bundesrepublik ist "öffentlich-rechtlich" und nicht kommerziell. Es gibt drei Fernsehprogramme: ARD, ZDF und das Dritte Programm. Das Dritte Programm ist von Region zu Region verschieden. Es wird jeweils von den einzelnen Rundfunkanstalten gemacht (Norddeutscher Rundfunk, Südwestfunk, Bayerischer Rundfunk usw.). Diese Rundfunkanstalten machen auch die Radioprogramme.

● Vergleichen Sie bitte das erste und zweite Programm. Wo sind Unterschiede?
● Vergleichen Sie die Programme in der Bundesrepublik mit denen in **Ihrer** Heimat. Welche Unterschiede gibt es?

Erzählen Sie die Geschichte:

..... **und wie geht es weiter?**

Der Fernseher steht der Liebe im Wege

München (AZ) — Jeder dritte Bundesbürger sitzt am Samstagabend vor dem Fernseher. Nach einer Umfrage des Hamburger Kehrmann-Instituts im Auftrag der „Quick" verbringen genau 35,2 Prozent ihren liebsten Abend vor der Mattscheibe. Quiz, Krimi, Sport und Spielfilme schlagen im Heimkino bei weitem, was sonst als Thema Nummer eins gilt: Zeit für die Liebe nehmen sich nach dem Umfrageergebnis nur 3,8 Prozent. Weitere „Enthüllungen" der Erhebung: 26,3 Prozent gehen aus, 7,3 ruhen sich aus. 6,9 Prozent laden Gäste ein, 5,5 Prozent verbringen den Abend im Theater, Konzertsaal oder Kino. 3,1 Prozent lesen, 2,6 Prozent basteln und 0,7 Prozent bilden sich weiter.

Was steht in der Zeitung?
Samstagabend: Viel Fernsehen (35 von 100) – wenig Liebe (3,8 von 100)!

Bundesrepublik:			In **Ihrem** Land?	
1.	Fernsehen:	35,2%	1.	
2.	Ausgehen:	26,3%	2.	
3.	Ausruhen:	7,3%	3.	
4.	Gäste:	6,9%	4.	
5.	Theater / Konzert / Kino	5,5%	5.	
6.	Liebe	3,8%	6.	

Herr und Frau Blaschke bekommen Besuch von ausländischen Gästen. Die Gäste bringen noch 2 Freunde mit. Damit haben Blaschkes nicht gerechnet!

Frau Blaschke hat Angst, daß sie zu wenig gekocht hat.

Frau Blaschke bietet ihren Gästen zu essen an. Aber die sagen, daß sie keinen Hunger haben. Blaschkes sind ratlos!

Frau Blaschke bietet den Gästen noch einmal zu essen an; aber die danken wieder. Da deckt sie den Tisch ab. Ihr Mann holt jetzt was zu trinken.

Nach 3 Stunden sind Blaschkes wieder allein.

Was meinen Sie?

12 6 Leute machen ein Lehrbuch:

Gerd Neuner
1941 in Rumänien geboren, in Bayern aufgewachsen.
Studium der Anglistik, Germanistik, Theologie in München; 1969 Promotion.
Erst Lehrer, dann Lektor (England), dann Assistant Professor (USA, Österreich). Von 1972–75 Dozent an einer Pädagogischen Hochschule, seit 1975 an der Gesamthochschule Kassel.

Ich bin für "Marsmenschen" in Deutschlehrwerken.
Lassen Sie sich auch von diesem Lehrwerk nicht gängeln!

Reiner Schmidt
1943 in Rheinland-Pfalz geboren.
1963 Abitur. Studium: Deutsch, Latein, Pädagogik, Linguistik.
1969/1971: Erstes und zweites Staatsexamen. 1978 Promotion.
1971 bis 1972 Lehrer am Gymnasium; seit 1972 tätig in der Lehrerausbildung (an einer Pädagogischen Hochschule) und in der Lehrerfortbildung.
1972 bis 1978 Landesbeauftragter für das Zertifikat "Deutsch als Fremdsprache".

Sie sollen entscheiden, was und wie Sie lernen wollen. Was Spaß macht, lernt man am besten. Hoffentlich hatten Sie ein bißchen Spaß – und machen weiter!

Heinz Wilms
Jahrgang 1935, in Kiel geboren.
Volksschule, Gymnasium, 1955 Abitur. Studium: Deutsch, Latein, Psychologie, Pädagogik. 1962 Promotion.
Seit 1963 Dozent am Goethe-Institut; Tätigkeit in Japan, Finnland, z. Zt. in München in der Lehreraus- und -fortbildung.

Ich mag keinen mechanischen Unterricht; liebe witzige, widersprüchliche Texte und Situationen und einen Unterricht, der von den Schülern mitbestimmt wird.

Manfred Zirkel
geboren 1942 in Gelsenkirchen.
Volksschule, Gymnasium in Essen, Abitur 1962. Studium: Anglistik, Romanistik, Pädagogik, Philosophie an der Universität Münster, der Ohio State University und der Université de Genève. Promotion 1976. Lehrer in den USA, der Schweiz; Lektor in Australien; Assistent an einer Pädagogischen Hochschule; seit 1978 Lehrer an einem Gymnasium.

Ich bin für Sprachunterricht, der den Lernenden Gelegenheit gibt, ihre eigenen Interessen auszudrücken, der Ihnen Spaß macht und zum gegenseitigen Verständnis beiträgt.

Bjarne Geiges
1942 geboren in Remscheid.
Volksschule im Schwarzwald, Gymnasium in Freiburg/Breisgau.
1963–65 Fotoschule in Berlin.
1965–69 angestellt bei verschiedenen Firmen, Fotogeschäften. Danach 2 Jahre freiberuflicher Bildjournalist bei Tageszeitungen; Reportagen für ausländische Presse. Seither selbständiger Fotodesigner mit Atelier in München.

Die Illustration eines solchen Lehrbuchs zählt zu den abwechslungsreichsten und wirklich freien Aufträgen.
Außerdem macht es Spaß, mit den hier abgebildeten Köpfen zu arbeiten.

Theo Scherling
1950 in Olching bei München geboren.
Volksschule, Gymnasium, 1969 Abitur.
Studium: Kunstgeschichte, Pädagogik, Malerei und Grafik.
1975 Staatsexamen.
Seitdem Lehrer an Gymnasien, z. Zt. hauptsächlich als Illustrator tätig.

Lernen soll und kann Spaß machen. Form und Inhalt eines Buches sind dafür mitentscheidend. Ich mag's, wenn beides unkonventionell ist!

Alphabetisches Wortschatzregister

Diese Liste enthält alle Wörter und Wendungen in alphabetischer Reihenfolge, die dieses Lehrbuch für den *aktiven Gebrauch* einführt. Die Einführung dieses produktiven Sprech- und Schreibwortschatzes erfolgt nahezu ausschließlich in den A- und C-Teilen der Kapitel, nur in wenigen unproblematischen Einzelfällen auch in B- und D-Teilen. Der in den landeskundlich orientierten Kapiteln 4, 8, 12 sowie in den E-Teilen zusätzlich auftretende Wortschatz ist hier *nicht* erfaßt, da er nur auswahlweise und individuell von Lernenden und Lehrern erarbeitet werden soll. Die Benutzung eines zweisprachigen Wörterbuchs ist für diese Lernabschnitte zu empfehlen.

Im Register *kursiv* gedruckte Stichwörter (z. B. *Wochentage*) sind Sammelbegriffe, die selbst nicht gelernt werden sollen und nur als Nachschlaghilfe dienen.

Bindestrich - am Wortende bedeutet, daß das betreffende Wort im Text nur mit verschiedenen Endungen auftritt: z. B. **beid-** = beide/beiden/beides/beider/beidem.

Die Zahlen-/Buchstabengruppen nach den Stichwörtern verweisen auf die Kapitelabschnitte, in denen ein Wort oder eine Wendung *zum erstenmal* in einer bestimmten Bedeutung vorkommt.

Beispiel: **also 5C3, 6C** = 1. Bedeutung: Kapitel **5**, Teil **C**, Abschnitt **3**
2. Bedeutung: Kapitel **6**, Teil **C**

(Eine kapitelweise Erklärung des neuen Wortschatzes findet sich in den separaten zweisprachigen **Glossaren**.)

A

ab 7A2, 7C1
Abend 1A3, 2A5
-abend 7C2
aber 1A3, 5A5
aber sicher! 6A3
Abfahrt 7A2
Abflug 5A2
ach! 6A4
ach du liebe Zeit! 10A1
Adjutant 9C2
Ägypten 1A3
äh 3A1
ah! 1A3
aha! 3A2
Alkoholismus 1C
all- 5A5, 7A4
allein 7C2
als 11A3
also 5C3, 6C
alt 1A1, 6A4
altmodisch 6C
Altstadt 7A4
am 3A3, 5A3
an 3A3, 6A4, 7A2
ander- 6A1
anfangen 3C
angenehm 11A2
angreifen 10A3

Angst 5C1
anhalten 11A2
Ankunft 7A2
anmelden 9A1
anrufen 7A1
Antwort 7C1
antworten 1DÜ1
-anzeige 6A4
anziehen 6C
April 5A3
arbeiten 3C
Arbeitsplatz 5A6
Arbeitszimmer 5A6
Ärger 11A1
arm 11C1
Arm 3A1
auch 1A3
auf 2A1, 9A1, 9A2,
    10A2, 11A4
auf Reisen 7A5
auf Wiedersehen! 7C3
aufbauen 7A4
Aufgabe 1DÜ1, 9A4
aufhören 7A1
aufmachen 7C3
aufstehen 10C2
Auge 3A1
August 5A3
aus 1A2
ausgehen 7C2

ausgezeichnet 6A2
Ausländeramt 9A1
außen 9A4
ausschneiden 9A4
aussehen 6C
Australien 1A2
ausziehen 6C
Auto 9A1
Automarkt 11A3

B

Bad 5A6
Baden-Württemberg
    5A3
Bahn 7C1
Bahnhof 3A3
Bär 10C1
Baron 9C2
Bart 6A3
Bauch 3A1
Baum 7BÜ11
Bayern 5A2
begrüßen 1C
bei 7C1, 11A5
beid- 9A4
beige 6A1
beim 5C1
Bein 3A1

Beispiel 1DÜ1
bekommen 5A5
bellen 11A1
bemalen 9A4
Benzin 11A2
bequem 5C3
Berlin 5A3
Berliner 9A3
Besen 10C1
Besenbinden 10C1
Besenbinder 10C1
besetzt 5A1
besonders 7A2
besser 6A2
best- 11A1
bestimmt 11A5
Besuch 5C3
besuchen 9C2
betrunken 7A1
Bett 5BÜ11
Bier 1A3
Bild 2A1
bilden 1DÜ3
billig 11A3
bis 5A3, 9A3
bißchen 1A3
bitte 1A3
bitten 9C2
blau 6A1
bleiben 3A3
Bleistift 2BÜ9
blöd(e) 6A4
blond 6A4
Blume 9BÜ4
Bluse 6A1
Boutique 6A1
Brasilien 1A2
Bratwurst 2A3
brauchen 5C3
braun 6A1
breit 9A3
Breitengrad 9A3
Bremen 5A3
Brief 3C
Brieftasche 10C2
Brillant 10A4
Brillantring 10A4
Brille 6A3
bringen 7A1
-brot 2A3
Brot 2A3
Brötchen 10C2

Brücke 3A3
Bruder 7C1
Brust 3A1
Buch 2A1
Büro 7C2
Bundesland 9A3
Bundesregierung 9A3
Bundesrepublik 5A3
Bundesstaat 9A3
bunt 9A4
Bus 10C2
Busen 3A2
Butter 3C

C

Café 3BÜ10
campen 7BÜ10
Camping 7BÜ10
°C (= Grad Celsius)
    9A3
Christus 10A3
cm (= Zentimeter) 9A4
(Coca-)Cola 1A3
Coladose 2C

D

da 1A1, 5A4, 10A2
dabei 10C2
dabeisein 7C1
dafür 7A2
damals 10C1
Dame 1C
damit 9A3
danach 10A1
Dank 2A2
danke 1A3
danke schön! 5A1
dann 1C
daraus 9A4
das 1A1, 1C, 9A3
dasein 3C
daß 5A6
Datum 5A3
dauern 5A2
dauernd 11A1
dazu 7C1, 11A1

DB (= Deutsche
    Bundesbahn) 7A2
Decke 9C1
dein 5A6
Dekorateur 6A1
demokratisch 9A3
denn 3A2
der 3A1, 5A1, 9A3
deshalb 7C1
deutsch 3A1
Deutsch 1A3
Deutschland 5A3
Dezember 5A3
Diaprojektor 9BÜ4
dich 7A1
dick 3C
die 1A2, 6A2, 9A3
Dienstag 5A3
dies- 5C1
dir 3A2
direkt 7A2
Diskussion 1C
DM (= Deutsche
    Mark) 2A2
doch 6A1, 6C, 7A2
Dom 3A3
Donnerstag 5A3
Dorf 10C1
dort 1A5
Dose 2A2
du 1A1
dumm 9C2
dunkelblau 6A1
dünn 10C2
durchs 10A4
dürfen 7A1
Durst 2A3

E

egal 7A1
ehrlich 10C1
Ei 3C
ein 1A3
Einbrecher 10A4
Einfahrt 7A3
einladen 7C1
Einladung 7C1
einmal 9C2
eins 5C3
einsam 11A1

einsteigen 7A1
Einwohner 9A3
Einwohnermeldeamt 9A1
Einzelzimmer 6A3
endlich 5A6
eng 9A3
entlanggehen 9A1
entschuldigen 7A3
enttäuscht (sein) 5A1
Entzündung 3A2
er 1A2
ergänzen 1DÜ3
erlauben 9C2
erobern 10A3
erst 3A2, 7C3
erster Hand 11A3
erster Klasse 7A2
Erstzulassung 11A3
es 1A3
essen 2A3
Essen 3C
Eßzimmer 5A6
Etagenwohnung 11A1
etwa 5A2
etwas 3A2, 7C2
euch 5A4
euer, eur- 5A6
Europa 9A3

F

Fabrikat 11A3
fahren 5A3
Fahrer 9C2
Fahrkarte 7A2
falten 9A4
Familie 3C
Farbe 6A1
fast 7C1
faul 3C
Februar 5A3
fehlen 3A2
Feierabend 7C2
feiern 7C1
fein 6A1
Fenster 7C3
Ferien 5A3
Ferientermin 5A3
Fernsehen 1C
Fernseher 9BÜ4

Ferse 3A2
fertig 3C
Fest 7C1
Fieber 3A2
Figur 9A4
finden 5A6
Finger 3A1
Firma 10A2
Fläche 9A4
Flasche 2A3
fliegen 11A2
flirten 10A2
Flug 5A2
Flugzeug 11A2
Flur 5A6
Ford 11A5
Fotoapparat 9A2
fragen 1DÜ2
Frankreich 1A2
Französisch 1A3
Frau 1A1, 7A1
Fräulein 5A1
frei 5A1
freihalten 7A3
Freitag 5A3
fressen 2C
freuen 1A1
Freund 1A1
Freundin 11C1
freundlich 6A4
früh 5C1, 7A2
früher 7A4
Frühstück 10C2
Füller 2A1
für 7C1, 10C1, 11A1
Fuß 3A1
Fußball 3C

G

Gallien 10A3
ganz 1A3, 5A5, 7C2
gar 7C3, 11A1
gar nicht 7C3
Garage 11A5
Garantie 11BÜ7
Gästezimmer 5A6
Gasthaus 7A5
geben 7A2
Gebrauchtwagen 11A3
Geburtstag 7C1

gefallen 5A6
gegenüberliegend 9A4
gehen 1A1, 3A3, 5A2, 5A3
gehören 5A4, 11A1
gelb 6A1
gelbgrün 6C
Geld 6A1
gemäßigt 9A3
gemütlich 5A6
genau 2A5, 10A4
genauso 9C2
General 10A3
Gepäck 5A1
Gepäckaufbewahrung 6A3
Gepäckaufbewah-rungsschein 6A3
Gepäckwagen 9C2
gerade 11A3
geradeaus 9A1
Germanen 10A3
Germanien 10A3
gern 2A2
Geschäftsmann 10A4
Geschichte 10C1
Gesellschaft 11A1
gestern 5C2
Getränke 2A3
Gewehr 5C4
Glas 2A3
glauben 9A2
gleich 2A5, 9A2
Golf 11A3
Grad 9A3
Gras 11C1
gratulieren 5A6
grau 6A1
Grenze 10A3
Griechenland 10C1
Grippe 7A5
Größe 6A1
groß 5A6
Großbritannien 11A4
grün 6A1
Gruß 7C1
Gulaschsuppe 2A3
gut 1A1, 6A1
guten Abend! 1A3
guten Tag! 1A1
gutaussehend 6A4
Gymnasium 9A1

H

Haar 3A2
haben 2A3
halb 2A4
hallo 1A1
Hals 3A1
Hamburg 5A3
Hamburger 2A3
Hammer 9C1
Hand 3A1
hängen 6C
Hauptstraße 9A1
Haus 3C
Hausmeister 11A1
Haustür 7C3
Haut 5C4
Hautfarbe 11C1
Heft 2A1
heiraten 9A1
Heiratsanzeige 6A4
heißen 1A1
helfen 5A1
hell 5A6
hellblau 6A1
Hemd 6A1
Herbst 5A3
Herr 1A1
herumlaufen 11A2
herzlich 1C
herzlich willkommen!
  1C
Hessen 5A3
heute 3C
heute morgen 10A2
hier 1A5, 3A2
hinten 6A2
hinter 9A2
hm 6A2
höher 9A1
hören 3C
hör mal! 6A1
hoffen 11A5
hoffentlich 9C2
holen 10A4
Hose 6A1
Hubraum 11A3
hübsch 5A6
Hund 11A1
Hunger 2A3
Husten 3A2
Hut 6A1

I

ich 1A1
ihm 5A4
ihn 7A5
ihnen 5C3
Ihnen 1A3
ihr 3A3, 3C
Ihr 1A1, 3A3
im 5A3, 10A4
immer 5C1, 11A1
in 2A5, 3A3, 5C1, 6A1
in Urlaub 5A3
Inland 5A2
ins 3A3
intelligent 6A4
international 1C
irgendwo 7C2
irgendein 11C1

J

ja 1A3, 5A6
Jahr 5C3
-jährig 6A4
Januar 5A3
Japan 1A2
je 9A4
jede- 7A5
jetzt 2A5
Jugoslawien 10C1
jung 6C
Junggeselle 10C2
Juli 5A3
Juni 5A3

K

Kabel 9C1
Kaffee 2A3
Kaffeetasse 2C
Kalender 5A3
Kamera 9C1
Kanada 1A2
Kännchen 2A3
kaputt 7A4

kaputtgehen 10C1
Karte 5A5
Käse 2A3
Käsebrot 2A3
Kassenzettel 6C
Katastrophe 6A2
Katze 11A1
kaufen 2A3
kein 2C
keins 5C3
kennen 9C2
kennenlernen 6A4
Kilometerstand 11A3
Kind 5A1
Kinderzimmer 5A6
Kino 5A5
Kiosk 10A1
-kirche 7A4
Klasse 7A2
Kleid 6A2
Kleider 9C2
klein 5C3
Klein- 5A6
Klima 9A3
km (= Kilometer) 5A3
km² (= Quadratkilo-
  meter) 11A3
Knie 3A2
Koch 10A3
Koffer 5A4
Kognak 10C2
Kollege 1C
komisch 6A2
Komma 9A3
kommen 1A2, 7A1
König 9C2
Königin 9C2
können 6A1, 7A2
Kopf 3A2
Körper 9A4
kosten 2A3
Kraft 11C1
krank 3A2
Krankenhaus 7C1
Krawatte 6A1
Kreide 2A1
Kreis 9A4
Krieger 10A3
Küche 5A6
Kuli 2BÜ1
Kunde 6C
küssen 3C

L

Lager 10A3
Lampe 2A1
Land 9A3, 11A1
Landesregierung 9A3
Landkarte 2A1
lang 9A3
lang(e) 3A2
langhaarig 6A4
langsam 11A3
langweilig 6A2
laut 10A3
leben 10C1, 11A1
Lebewesen 2C
leeren 11A5
Legion 10A3
leider 1A3
leid tun 6A3
leihen 6A1
Leiter 9C1
lernen 10C1
lesen 7A3
letzt- 6A1, 7A5
lieb 1C
lieben 11C1
lieber 1A3
liebevoll 6A4
liegen 9A3
Linie 9A4
link- 9A1
links 3A2
Lippe 3A1
Liter 11A3
lösen 9A4
losgehen 5A3
Lust 10A3

M

machen 2A3, 3C, 5A3
Mädchen 6A4
Mai 5A3
Majestät 9C2
mal 3A2
malen 3DÜ6, 9A4
man 7A2
Mann 3A2
Mantel 6A1

Mark 2A3
Markt 9A1
marschieren 10A3
März 5A3
Maschine 5A2
Matratze 10A4
Mauer 5C4
mehr 6C, 7C1
mein 1A1
meinen 11A1
Mensch 1A1, 9C2
Menschenarm 11C1
Menschenbein 11C1
Meteorologe 9C1
Meter 6A4
mich 1A1
Mietshaus 11A1
Mikrofon 9C1
Milch 1C
Million 9A3
Minister 9C2
minus 9A3
Minute 2A4
mir 5A4
Miss Universum 11C1
Mist 10A1
mit 1C, 2A3, 7C2
mitfahren 7A1
mitgehen 3A3
mitkommen 3A3
mitmachen 9A4
mitnehmen 10A1
Mittag 2A5
Mitte 9A3
mitten 9A3
Mitternacht 2A5
Mittwoch 5A3
Modell 6A1
modern 6C
mögen 2A2, 11A1
Moment 6C
Monatsnamen 5A3
Montag 5A3
morgen 5C2
morgen früh 7A2
Morgen 2A5
morgens 5C1
müde 7C2
Mund 3A1
Museum 3A3
müssen 7A2
Mutter 5A1

N

na! 3A2
na ja! 5A4
Nabel 3A2
nach 2A4, 5A2
nach Hause 7A1
Nachbar 9A3
nachfeiern 7C1
Nachmittag 2A5
Nachrichten 9C1
Nachrichtensprecher 9C1
Nacht 2A5
nächst- 5A3
Name 1A1
Nase 3A1
natürlich 7A1
neben 9A2
nebeneinander 9A4
nehmen 1A3, 6A1, 7A1
nein 1A3
nett 6A4
neu 5A6
neugeboren 11A4
nicht 1A3
nicht wahr? 6C
nichts 6A4
nie 7A1
nie wieder 7A1
Niedersachsen 5A3
niedlich 5A6
niemand 11C1
Nigeria 1A2
noch 5A1, 6A1, 11A1
nochmal 6A4
nördlich 9A3
Nordrhein-Westfalen 5A3
notieren 5C1
nötig 5A1
November 5A3
Nr. (= Nummer) 2A1
nun 7C1
nur 1C, 2A3

O

oben 5A1
oder 3A3
offen 11A5

öffnen 7C3
oft 9C2
Ohr 3A1
O. K. 2A3
Oktober 5A3
Öl 2C
orange 6A1
Ordnung 11A3
Ostern 5A3
Österreich 7C1

P

(ein) Paar 2A3
Paket 6A3
Papa 5A6
Pappe 9A4
parken 7A3
Partner 6A4
Party 10A4
passen 5C1, 6A4
passieren 10A4
Paulskirche 7A4
Pause 11A2
Penis 3A2
pfeifen 7C3
Pfingsten 5A3
Pflege 11A1
phantastisch 5A6
Picknick 3C
Plattenspieler 9A2
Platz 5A1
Platznummer 5A5
plötzlich 10A3
plus 9A3
Polizei 7A1
Popo 3A1
Portion 2A3
Possessivpronomen
   5C4
Post 7BÜ11
praktisch 5A6
Preußen 9C2
prima 3A3
privat 7BÜ10
probieren 6C
Prosit! 1C
PS (= Pferdestärke)
   11A3
Pullover 6A1
Pullunder 6A1

Q

Quadrat 9A4
Quadratkilometer 11A4
Quatsch 7A1

R

Radiergummi 2A1
Radio 3C
Rathaus 7BÜ11
rauchen 2A2
'raus 7A3
recht 11A5
recht haben 6A2
rechts 5A5
reden 7C2
Regal 2A1
regieren 9A3
Reihe 5A3
rein 6C
Reise 5A1
Reisepaß 9A1
Renault 11A3
Republik 9A3
Restaurant 3BÜ10
Rezeption 6A3
richtig 5C1
riechen 11C1
riesig 6A3
Rock 6A1
Römer 10A3
römisch 10A3
Roman 10C1
rot 3A2
rufen 3C
Ruhe 1C
ruhig 6A3
'runterwerfen 7C3

S

Saarland 5A3
Sache 11A5
sagen 3A2
Sakko 6A1
Samstag 5A3
Satz 1DÜ3

Sauerkraut 6A2
Sauwetter 3A3
schade 7C1
scheinen 3C
Scheinwerfer 9C1
scheußlich 6A2
schicken 10A2
Schiedsrichter 6A2
Schild 7A3
Schinkenbrot 2A3
schlafen 3C
Schlafzimmer 5A6
schlank 6A4
schlecht 3A3
Schleswig-Holstein 5A3
schließlich 1C
Schlüssel 7C3
schmecken 6A2
Schmerzen 3A2
schneiden 10C2
schnell 7A2, 10A2
schon 3A2
schon gut! 7A3
schön 3C
schrecklich 6A3
Schrei 6A1
schreiben 3C
schreien 7C3
Schreien 7C3
Schuld 5C4
Schulter 3A2
schützen 10A3
schwach 11C1
schwarz 6A1
Schweden 1A2
Schweiz 1A2
schwer 10A3
Schwester 3C
sehen 1C
sehen Sie(?) 6C
sehr 3C
sein 1A1
sein 5A5
seit 7C1
Seite 9A1
Seitenlänge 9A4
selbst 11C1
Senat 9A3
Sendung 9C1
September 5A3
Sessel 5C3
sich 11A1

vor allem 7C2
vorgestern 5C2
vorher 9C1
Vormittag 2A5
vorne 3A2
vorschlagen 11A5
VW (= Volkswagen)
    11A3

W

Wade 3A2
Waffe 10A3
Wagen 10A2, 10A3
wahr 6C
Wand 9C1
wann 5A2
warm 3C
warten 6C
warum 5A1
was 1A3, 11A1
was? 6A2
was für 6A3
was sonst? 1C
Weg 9C2
weg 3A3
wegfahren 7A3
weh tun 3A2
weich 6A1
Weihnachten 5A3
Wein 2A3
Weinflasche 2C
weiß 6A1
weit 11A2
weiter 5C1, 11A4
weitergeben 10C1
welch- 6A2

wem 5A4
wenig 11A1
wenn 7C1, 11A1
wer 1A1
werden 11A1
-werfen 7C3
Werkstatt 11BÜ7
West 9A3
Weste 6A1
Wetter 3A3
Wetterkarte 9C1
wie 1A1
wie bitte? 3A2
wie lange? 5A2
wie spät? 2A4
wieder 5A3, 5C3, 7A4
wiederkommen 5A3
Wiedersehen 7C3
wieso 11A2
wieviel 2A4
willkommen 5A6
Winter 5A3
wir 2A3
wirklich 6A2
wissen 2A1
wo 7A4
Wo (= Woche) 5A3
Wochentage 5A3
woher 1A2
wohin 10A4
wohnen 7C3
Wohnung 5A6
Wohnzimmer 5A6
Wolle 6C
wollen 7A1
wunderbar 5A6
wünschen 6A4
-wurst 2A3
Würstchen 2A3

Z

Zahlen
    Kardinalzahlen 1A4,
    2E1, 5D5
    Ordinalzahlen 5A3, 5D5
Zahnarzt 5C1
Zahnschmerzen 5C1
Zehe 3A2
zeichnen 9A4
zeigen 3A2
Zeit 5C1
Zeitung 10A1
Zeitungskasten 11A5
ziemlich 9C2
Zigarre 2A2
Zigarette 2A2
Zimmer 5A6
Zoll 5A4
zu 2A3, 6C, 7C3
zu Besuch 9C2
zu Fuß 7A1
zu Hause 3C
zu Mittag essen 10A4
Zucker 2A2
Zug 7A2
Zugauskunft 7A2
Zulassungsstelle 9A1
zum 5A3
zur 10A2
zurück 7C3
zurückfahren 10A2
zusammenfalten 9A4
zusammenleben 10C1
Zuschrift 6A4
zuviel 2A3
zweiter Klasse 7A2
zwischen 9A2
zwo (= zwei) 10A3

Quellennachweise für Texte und Abbildungen

Wir danken für die Genehmigung zum Abdruck und freundliche Unterstützung:

Abendzeitung, München (S. 147/u., 148/u.)

ADAC, München (S. 91)

Bavaria-Verlag (S. 20) Fotos Nr. 1, 3, (S. 128) Fotos Nr. 1, 2, 4, 6

C. Bertelsmann Verlag (S. 127) Aus: Jürgen Roth, "Z.B. Frankfurt: Die Zerstörung einer Stadt". © 1975 C. Bertelsmann Verlag GmbH, München

Carl Duisberg Centren (S. 96) Aus: "Dialog Deutsch", hg. von den Carl Duisberg Centren gGmbH, Köln

Cornelsen-Velhagen & Klasing (S. 92, 141/u.) Aus: H. Eckes/H. Wilms, "Deutsch für Jugendliche anderer Muttersprache", Bd. 1, (S. 101) aus: W. Jirsa/H. Wilms "Deutsch für Jugendliche anderer Muttersprache", Aufbaukurs, Cornelsen-Velhagen & Klasing Verlag für Lehrmedien KG, Berlin

Dietmar Dänecke, Hamburg (S. 93) Graphik aus "Die Zeit", Hamburg

Deutsche Bundesbahn, Bundesbahndirektion München (S. 80, 83, 84)

Deutsche Bundespost (S. 12) Aus: Amtliches Fernsprechbuch 13, 1977/78

Deutscher Volkshochschul-Verband, Frankfurt/Main (S. 120) Von Viktor Augustin für den Sprachunterricht bearbeitete Fassung von: Janosch, "Die Geschichte von Antek Pistole", hg. von der Pädagogischen Arbeitsstelle des DVV

Ehapa Verlag (S. 114, 118 [Bilder]) Aus: "Asterix und die Goten" von Goscinny und Uderzo. ©Ehapa Verlag GmbH, Stuttgart 1973. (Schwarzweißabdruck des mehrfarbigen Originals)

Elefanten Press Verlag, Berlin (S. 97/o.) Aus: "Tu was! Warte nicht auf beß're Zeiten!"

Wolfgang Fietkau Verlag (S. 58) Rudolf Otto Wiemer, "meine haut ist nicht deine haut" aus: "Beispiele zur deutschen Grammatik". Wolfgang Fietkau Verlag, Berlin 1971

Fischer Taschenbuch Verlag (S. 140/o.) Aus: "Der Fischer Weltalmanach 78. Zahlen, Daten, Fakten." Hg. von Prof. Dr. Gustav-Fochler-Hauke. ©Fischer Taschenbuch Verlag GmbH, Frankfurt am Main, 1977

Fremdenverkehrsamt Landeshauptstadt München (S. 63)

Globus-Kartendienst, Hamburg (S. 31/u., 44/u. l., 64/u. r. [1976], 76/o. l., 94/u. l., 95/o., 97/Mi., 142/o. l. [mit Zeichnung Scherling], 143/o., 144/o. l., u. l. [1977])

Hessisch-Niedersächsische Allgemeine, Kassel (S. 78/u., 92/o. l., 145/u. l.)

Emma D. Hey (S. 72) "Weste oder Pullunder?", frei nach: Hans Fallada, "Kleiner Mann, was nun?", Rowohlt, Berlin 1932

IFO-Institut für Wirtschaftsforschung, München (S. 64/o. l. [1975])

Inter Nationes, Bonn (S. 95/u.) Foto aus: "Sozial-Report", (S. 147/o.) Aus: "Bildung und Wissenschaft"

Janosch (S. 120) ©"Die Geschichte von Antek Pistole"

U. Kment (S. 20) Foto Nr. 2, (S. 45) Foto Nr. 2, (S. 46) Foto Nr. 1

Dieter Kramer, Berlin (S. 46) Foto Nr. 2

Landesbildstelle Berlin (S. 128) Foto Nr. 7

Albert Langen-Georg Müller Verlag (S. 88) Nach: Carlo Manzoni, "Hundertmal Signor Veneranda", Albert Langen-Georg Müller Verlag, München

Verlag Fritz Molden (S. 42) Statistik aus: Allensbacher Jahrbuch der Demoskopie 1977, Hg. E. Noelle-Neumann, Verlag Fritz Molden, Wien 1977

Neue Zürcher Zeitung, Zürich (S. 105) "Sie deutsch sprechen?" nach einem Text von Willy Bobst

Presse- und Informationsamt der Bundesregierung, Bonn (S. 44/Mi., 128/u. r. [1977], 145/o. l.)

Presse- und Informationsamt der Stadt Frankfurt am Main (S. 127/o.) Aus: Frankfurter Stadt-Illus

Theo Scherling, München (S. 139) Bildreihen aus: "Feridun", Abado Verlag, München 1977

Der Spiegel, Hamburg (S. 145/o. r., 146/o. r.)

Statistisches Bundesamt, Wiesbaden (S. 131) Daten aus: Statistisches Jahrbuch 1977, Verlag G. Kohlhammer, Mainz

Süddeutsche Zeitung, München (S. 77/u. l., 92/o. l., 115, 143/u. l., 147/Mi.)

Südhausbau, München (S. 47)

Verkehrsamt der Stadt Köln (S. 110/u.)

Wienerwald Franchise GmbH, München (S. 48/u.)

Die Zeit, Hamburg (S. 93) Grafik: Dietmar Dänecke, Hamburg

Eine wertvolle Hilfe beim Erlernen der deutschen Sprache sind

Langenscheidts Taschenwörterbücher

Sie finden die Bände mit dem typischen gelben Einband und dem großen blauen „L" überall auf der Welt.

Fast alle Taschenwörterbücher wurden in den letzten Jahren völlig neu bearbeitet. Jede Neubearbeitung bringt Verbesserungen und neue Wörter.
Es gibt Einzelbände (zum Beispiel Englisch-Deutsch und Deutsch-Englisch) und Doppelbände (beide Teile in einem Band).
Der Wortschatz von 70 000 – 80 000 Stichwörtern in beiden Teilen jeder Sprache ist sorgfältig ausgewählt. Neben der Umgangsprache werden viele Fachausdrücke aus den verschiedenen Wissensgebieten berücksichtigt.

Langenscheidts Taschenwörterbücher gibt es u.a. für folgende Sprachen:

Arabisch
Deutsch-Arabisch (456 Seiten, Nr. 10065)
Arabisch–Deutsch (624 Seiten, Nr. 10060)
Beide Teile in einem Band (Nr. 11060)

Dänisch
Deutsch-Dänisch (548 Seiten, Nr. 10105)
Dänisch-Deutsch (557 Seiten, Nr. 10100)
Beide Teile in einem Band (Nr. 11100)

Englisch
Deutsch-Englisch (638 Seiten, Nr. 10126)
Englisch-Deutsch (672 Seiten, Nr. 10121)
Beide Teile in einem Band (Nr. 11122)

Französisch
Deutsch-Französisch (640 Seiten, Nr. 10156)
Französisch-Deutsch (576 Seiten, Nr. 10151)
Beide Teile in einem Band (Nr. 11151)

Griechisch
Deutsch-Neugriechisch (487 Seiten, Nr. 10215)
Neugriechisch-Deutsch (552 Seiten, Nr. 10210)
Beide Teile in einem Band (Nr. 11210)

Italienisch
Deutsch-Italienisch (606 Seiten, Nr 10186)
Italienisch-Deutsch (640 Seiten, Nr. 10181)
Beide Teile in einem Band (Nr. 11181)

Niederländisch
Deutsch-Niederländisch (542 Seiten, Nr. 10236)
Niederländisch-Deutsch (527 Seiten, Nr. 10231)
Beide Teile in einem Band (Nr. 11231)

Polnisch
Deutsch-Polnisch (592 Seiten, Nr. 10265)
Polnisch-Deutsch (624 Seiten, Nr. 10260)
Beide Teile in einem Band (Nr. 11260)

Portugiesisch
Deutsch-Portugiesisch (607 Seiten, Nr. 10275)
Portugiesisch-Deutsch (640 Seiten, Nr. 10271)
Beide Teile in einem Band (Nr. 11271)

Russisch
Deutsch-Russisch (604 Seiten, Nr. 10295)
Russisch-Deutsch (568 Seiten, Nr. 10290)
Beide Teile in einem Band (Nr. 11290)

Schwedisch
Deutsch-Schwedisch (526 Seiten, Nr. 10305)
Schwedisch-Deutsch (552 Seiten, Nr. 10301)
Beide Teile in einem Band (Nr. 11301)

Spanisch
Deutsch-Spanisch (511 Seiten, Nr. 10345)
Spanisch-Deutsch (544 Seiten, Nr. 10341)
Beide Teile in einem Band (Nr. 11341)

Tschechisch
Deutsch-Tschechisch (478 Seiten, Nr. 10365)
Tschechisch-Deutsch (576 Seiten, Nr. 10360)
Beide Teile in einem Band (Nr. 11360)

Türkisch
Deutsch-Türkisch (616 Seiten, Nr. 10375)
Türkisch-Deutsch (552 Seiten, Nr. 10370)
Beide Teile in einem Band (Nr. 11370)